• 전 세계 부모들이 선택한 최고의 교육 •

SuperCamp
스탠포드대, 예일대, 코넬대 등
명문 대학에서 인정한 세계 최고 인성·학습 프로그램

슈퍼캠프, 인성을 기르는 마법의 수업

바비 드포터 지음 | 최문희·이하나 옮김

전 세계 부모들이 선택한 최고의 교육
슈퍼캠프, 인성을 기르는 마법의 수업

지은이 바비 드포터
옮긴이 최문희, 이하나
펴낸이 이리라

편집 이어진 한나래
본문 디자인 에디토리얼 렌즈
표지 디자인 엄혜리

2015년 5월 30일 1판 1쇄 펴냄
2019년 10월 20일 1판 2쇄 펴냄

브랜드 와이드룩
펴낸곳 컬처룩
등록 2010. 2. 26 제2011-000149
주소 03993 서울시 마포구 동교로27길 12 씨티빌딩 302호
전화 02.322.7019 | 팩스 070.8257.7019 | culturelook@daum.net
www.culturelook.net

The Seven Biggest Teen Problems And How To Turn Into Strengths: An Inside Look at What Works with Teens from a World Leader in Youth Achievement
Copyright © 2007 by Bobbi DePorter
First published by Learning Forum Publications
All right Reserved.
Translations rights arranged with Bobbi DePorter through Agency-one, Seoul.
Korean Translation Copyright © 2015 by Culturelook
ISBN 979-11-85521-21-3 13590

* 이 도서의 국립중앙도서관 출판예정도서목록(CIP)은 서지정보유통지원시스템 홈페이지(http://seoji.nl.go.kr)와 국가자료공동목록시스템(http://www.nl.go.kr/kolisnet)에서 이용하실 수 있습니다. (CIP제어번호: CIP2015013244)
* 이 책의 한국어판 저작권은 에이전시 원을 통해 저작권자와의 독점 계약으로 컬처룩에 있습니다. 저작권법에 의해 한국 내에서 보호를 받는 저작물이므로 무단 전재와 무단 복제를 금합니다.
* 다양한 시각과 세계를 아우르는 '와이드룩'은 컬처룩의 출판 브랜드입니다.

widelook

차례

추천의 글   9
머리말   15

CHAPTER 1   왜 내 아이를 이해할 수 없을까   19

CHAPTER 2   인간관계는 의사소통 능력이 좌우한다   31

먼저 아이의 관점에서 보라 | 언제 마음의 문을 열고 대화할까 | 의사소통을 잘하는 방법 | 아이가 부모의 관점에서 보게 하라

CHAPTER 3   자존감은 상처받은 감정을
                     긍정적인 힘으로 변화시킨다   67

다른 사람의 시선에 맞출 필요는 없다 | 아이들은 거부당하는 것을 두려워한다 | 아이는 자아와 실패를 분리해 생각하기 힘들다 | 일어난 일을 어떻게 바라볼지 자신이 선택할 수 있다 | 자기 자신을 알 때 다른 사람의 시선을 의식하지 않는다 | 상처받지 않을 선택권이 나에게 있다 | 실패는 성공하기 위한 과정이다 | 자기 인식이 분명해야 한다

CHAPTER 4　자신에 대한 신뢰는
　　　　　　부정적인 자기 이미지를 떨쳐 내게 한다　　　　87

완벽하지 않다는 것은 좋지 않다는 것이 아니다 | 사람은 저마다 다르다 | 진정한 자아를 드러내야 자신의 삶을 올바르게 살 수 있다 | 자기 세계에만 갇혀 있으면 사회적 발달이 멈춘다 | 자기 삶에 대한 선택권은 자신이 갖고 있다 | 자신의 내면을 들여다보라 | 아이는 자기 이미지에 대해 두려워한다: FIMAGE | 도전하는 삶은 흥분 그 자체다 | '바로 지금' 할 일에 집중하라 | 청소년기는 자아 정체성을 확립하는 시기다

CHAPTER 5　변화를 두려워하지 말고 유연하게 받아들여라　　　117

아이들은 자신 옆에 든든한 부모가 있길 바란다 | 책임감 있는 아이가 자기 인생의 주인이 된다 | 분노나 원망 등 부정적인 감정도 자신의 선택에 달렸다 | 변화를 유연하게 받아들여라

CHAPTER 6　공부에 책임감을 가질 때
　　　　　　낮은 학업 성적을 향상시킬 수 있다　　　　137

내 아이는 공부를 즐기고 있는가 | 아이가 공부에 책임감을 갖게 되면 엄청난 에너지를 쏟아낸다 | 성공의 경험은 어떤 효과가 있는가 | 자신에 대한 신념은 학습 능력을 향상시킨다 | 자신에게 맞는 학습 통로를 알아야 한다 | 자신의 지식이 되는 노트 필기법 | 휴식을 활용하라! | 마인드맵: 논리적 좌뇌와 창의적 우뇌를 함께 활용하라 | 창의적 사고: 아이디어를 확장하고 집중하라 | 기억력 향상을 위한 방법 | 복습은 장기간 기억할 수 있게 하는 지름길이다 | 무엇보다 스스로 공부를 즐겨야 한다

CHAPTER 7 집중력은 강력한 학습 도구다   169

자신에게 어떤 유익이 있는지를 알 때 집중력이 강화된다 | 집중력을 높여 주는 알파파 상태를 만들어라 | 긍정적인 자기 암시는 집중력을 높여 준다 | 학습 집중력을 향상시키는 자세: SLANT

CHAPTER 8 자기 인식은 강한 동기를 부여한다   187

열정을 불러일으켜라 | 성공의 경험은 자기 인식을 높인다 | 열정과 꿈은 삶의 중요한 동기 요인이다 | 주된 목적을 위한 목표를 세워라 | 부정적인 습관이 아이의 능력을 제한한다 | 집중력과 자신감은 아이를 성공으로 이끈다

CHAPTER 9 아이의 행복과 성공을 위해 무엇을 해야 하는가   209

문제투성이인 인간관계도 충분히 회복할 수 있다 | 아이는 어떻게 상처를 극복하는가 | 부정적인 자기 이미지를 떨쳐 내고 도전하라 | 부모가 아이의 모습에 확신을 가질 때, 아이는 삶의 변화를 잘 준비할 수 있다 | 아이에게 맞는 학습법과 학습 공간을 제공하라 | 집중력을 기를 수 있는 방법을 익히게 하라 | 아이가 잠재력을 극대화시킬 수 있도록 도와줘야 한다 | 아이가 훌륭하게 되는 연결 고리를 어떻게 만들 수 있을까

부록: "슈퍼캠프는 아이의 미래를 위한 가장 가치 있는 투자였어요"   229
옮긴이의 말   243

일러두기
- 한글 전용을 원칙으로 하되, 필요한 경우 원어나 한자를 병기하였다.
- 한글 맞춤법은 '한글 맞춤법' 및 '표준어 규정'(1988), '표준어 모음'(1990)을 적용하였다.
- 외국의 인명, 지명 등은 국립국어원의 외래어 표기법을 따랐으며, 관례로 굳어진 경우는 예외를 두었다.
- 사용된 기호는 다음과 같다.
  영화, TV 프로그램, 신문 및 잡지 등 정기 간행물: 〈 〉
  책(단행본): 《 》

추천의 글

청소년이 현재 하는 행동은 미래의 선택에 영향을 미치게 됩니다. 만약 십대들이 지금 좋지 않은 판단으로 행동한다면 — 예를 들어, 학교 생활을 태만하게 하거나 사회관계를 맺으려 하지 않는 경우 — 나중에 그들의 선택에 제약이 있을 것입니다. 부모는 자녀에게 최선을 다하겠지만, 행복하고 의미 있는 삶의 마법 같은 공식을 물려줄 수는 없습니다. 우리는 살아가면서 힘든 결정을 내려야 하는 시점과 마주하게 됩니다. 이러한 어려움을 겪으면서 각자의 모습이 만들어집니다. 청소년은 향후 20년을 위해 실수하거나 시행착오를 겪으면서도 열심히 노력하며 삶에 대해 어렵게 배워 가는 시기입니다. 여러분의 자녀가 실수나 시행착오를 통한 삶의 교훈을 배우지 못한다면 어떻게 될까요? 하지만 성인기를 앞둔 자녀에게 이러한 삶의 교훈을 얻을 기회가 있다면 도움이 될 것입니다.

    길은 있습니다. 여러분은 자녀를 도울 수 있습니다. 슈퍼캠프는 1982년에 시작되어 30여 년이 넘도록 전 세계 십대들에게 삶의 변화를 가져다주었습니다. 슈퍼캠프는 7만 3000명 이상의 아이들에게 역동적인 프로그램을 제공해 자아 발견과 삶의 기술을 배우게 하였습니다. 바비 드포터와 동료들이 슈퍼캠프를 세우기 전에 바비는 버클린 경영대학원을 공동 설립하였는데, 가속 학습과 혁신의 원칙으로 보통 경영대학원의 2년 과정을 6주 만에 가르치는 프로그램을 개발했습니다. 버클린 대학원 학생과 졸업생들은 바비와 그 동료들에게 이를 적용한 청소년 프로그램을 만들도록 권유했습니다. 그간 공장의 생산 조립 공정처럼 운영되어 온 대부분의 학교들은 학생 개개인에게 개별적인 학습 스타일을 적용하지 않았습니다. 그 결과 많은 청소년들이 자기 주도적으로 학습하는 데 실패해 왔습니다. 바비와 동료들은 사명감을 갖고 아이들이 교육에 흥미를 이끌어내는 슈퍼캠프를 만들었습니다.

    저는 오랫동안 대학에서 교수로 있습니다. 지금까지 만난 학생들에게 학교는 점수를 얻으려면 넘어야 하는 장애물로 여기지는 경우가 많았습니다. 우리는 그들이 공부를 귀찮아하지 않게 변화시키려 노력해 왔습니다. 학기마다 이런 학생들에게 배움의 과정을 사랑하도록 만드는 것이 제 과제였습니다. 저는 학생들에게 "너희들은 곧 사회에 들어설 것이다. 이 세계에서 너희는 너희만의 지적, 감정적 도구를 통해 너희의 가치를 실현함으로써 주위를 변화시킬 것이다"라고 말합니다. 어떤 자료를 암기하거나 기술을 습득하는 것도 분명 가치 있는 일입니다. 그러나 21세기에는 그 암기한 자료와 기술의 중요성은 점점 줄어들 것입니다. 제가 "자료를 암기하는 것보다 호기심을 갖고 열정적으로 탐구하는 것이 중요하다"라고 말하면, 몇몇 주요 과목에 지나치게 집중하는 학생들은 큰 혼란을 느낍니다. 청소년들이 장점을 발견하고 더 효과적으로 배우고 목적을 추구하며 결정을 내리고, 문제를 해결하고 갈등을 풀기에는 현재 학교 체계론 부족합니다. 따라서 저는 퀀텀 학습 프로그램에 관심을 가졌습니다.

슈퍼캠프의 역동적인 프로그램을 통해 청소년들은 자신을 돌아보고 학문적인 기술을 배우고 이를 평생 사용할 수 있게 됩니다. 이는 21세기의 젊은이들이 창조적이고 책임감 있는 구성원이 될 수 있게 도와줍니다. 이 프로그램은 청소년들이 자신의 삶에 주도권을 가지고 배움의 열정을 다시금 일깨우는 것을 목표로 합니다. 저는 감히 슈퍼캠프 외에는 이러한 프로그램은 없다고 말씀드립니다. 퀀텀 학습 전략, 표현 기술, 환경을 배우는 모델을 만들고 터득한 세계 여러 교육자 분들이 퀀텀 학습법을 가르치고 있습니다. 또한 퀀텀 학습법은 학생들이 다양한 분야에서도 학습 기술을 익히도록 격려해 주고 구체적인 학습 방법을 가르쳐 줍니다. 또한 프로그램을 통해 성공한 사람들이 지닌 8가지 습관을 제시합니다. 이러한 교육법은 지속적이고 자세한 연구를 통해 발전해 왔기 때문에 슈퍼캠프는 다음과 같은 결과를 보여 주었습니다. 슈퍼캠프에서 배운 기술을 계속 사용하는 경우는 졸업생 중 98%였고, 성적이 향상된 경우는 73%였습니다. 또 학생들은 동기 부여(68%), 자존감(81%), 자기 확신(84%) 면에서 나아졌습니다. 더 중요한 것은 슈퍼캠프를 통해 학생들 자신이 훌륭하다는 것을 알게 해 주었고, 이 세상에서 특별한 존재임을 느끼게 해 주었다는 점입니다.

슈퍼캠프 탄생 40년이 가까워 오는 오늘날, 여름 캠프와 학교 프로그램은 200만 이상의 학생들과 교사들에게 영향을 미쳤고, 모든 연령대에서 미래 리더들을 훈련하는 방법이 되었습니다. 국경을 막론하고 학습에 대한 열정 가득한 새로운 요청이 있을 때마다, 바비 드포터의 Q.L.N.(Quantum Learning Network)은 전 세계적으로 뻗어 나가고 있습니다.

바비 드포터는 슈퍼캠프에 큰 비전을 갖고 있습니다. 이는 학생들의 성과에 활력을 가져다 줄 것입니다. 〈월 스트리트 저널〉은 "슈퍼 캠프는 그저 그런 성적을 받는 학생들이 뛰어난 학업 성취를 이루게 변화시킨다"고 보도한 바 있습니다. 그러나 그녀의 꿈은 배움과 삶에서 새로운 기준을 세우고 젊은이들이 일생 동안 의미 있는 성취를 이룰 수 있게 준비시키는 것을 목표로 더 나아가고 있습니다.

 이 책에서 여러분은 슈퍼캠프 프로그램 내에서 일어나는 변화들을 들여다볼 수 있을 것입니다. 청소년들의 태도 변화가 왜 일어나는지 알게 될 것이고, 이를 여러분과 자녀의 삶에 적용해 볼 수 있을 것입니다.

데이비드 뱃스톤●

● 데이비드 뱃스톤David Batstone은 샌프란시스코 대학의 윤리학 교수이자 기업가, 언론인으로 활동하고 있다. 잡지 〈비즈니스 2.0〉의 창립 편집인을 지냈으며, 기술 및 기업 윤리에 대한 집필을 통해 두 차례에 걸쳐 언론인상을 수상한 바 있다. 저서로는 《기업의 성공 키워드 존경 Saving the Corporate Soul & (Who Knows?) Maybe Your Own》, 《누가 꽃들의 입을 틀어막는가 Not for Sale》 등이 있다.

머리말

청소년기는 자아 정체성을 확립하고 자신의 가치관, 태도를 형성하는 시기이므로 인성 교육이 무척 중요하다. 이 점이 슈퍼캠프가 인성 교육을 교육 철학으로 삼는 이유이기도 하다. 나는 30년 넘게 슈퍼캠프를 통해 긍정적인 가치관과 태도를 배워 스스로에게 동기를 부여해 자신감을 갖게 된 수많은 아이들을 보아 왔고 물론 지금도 보고 있다.

십대 아이들은 쉽게 상처받고 자신을 탓하며 부정적인 감정에 빠져든다. 가족, 또래 친구 등과의 의사소통도 서툴러 관계 형성에도 어려움을 느낀다. 이런 일들은 학업에도 영향을 주고 자신감을 잃게 된다. 부모는 이러한 자녀가 이방인처럼 느껴지며 아이를 어떻게 교육해야 할지 난감해한다.

슈퍼캠프는 이러한 아이들과 부모들을 위해 오랫동안 쌓아온 경험과 연구에 기초한 체계적인 프로그램을 제공하고 있다. 아이들의 부정적인 사고와 태도를 바꾸게 하는 구체적이고 체계적인 방법을 적용해 교육하고 있다. 아이들이 스스로 자신을 대면하고 그 장점을 발견하게 되면 사고와 태도는 긍정적으로 변화한다.

슈퍼캠프에서는 의사소통 기술, 사회성, 리더십을 길러 주고 부정적인 자기 이미지를 떨쳐 내고 긍정적인 사고를 갖게 해 준다. 또한 퀀텀 학습법을 적용한 읽기, 글쓰기, 시험, 기억력 등의 학습 전략을 배우게 된다. 이러한 교육을 통해 아이들은 스스로 동기를 부여해 자신감을 갖고 자신의 꿈을 향해 도전해 나간다. 또 배움의 즐거움을 알게 되어 스스로 공부해 높은 학업 성취를 이룬다. 이는 우리가 각각의 아이들에게 잘 맞도록 학습 스타일과 전략을 구체화해서 가르치기 때문이다. 아울러 자기 확신, 동기 부여, 책임감을 높이는 데 중점을 두고 학교와 집에서 지속될 수 있도록 습관을 갖게 한다. 그 결과 성적이 그다지 좋지 않았던 학생들도 슈퍼캠프를 거치면서 학습을 대하는 자세가 바뀌고 부모가 기대하는 뛰어난 성적을 집으로 가져온다.

이 책을 읽어 보면 알겠지만 우리 교육의 패러다임은 아이 스스로 재미를 느끼고 이해해야 한다는 것이다. 슈퍼캠프 프로그램은 이를 바탕으로 구성되어 있어 이를 경험한 아이들은 억눌려 있던 잠재력을 분출시키고 자기 삶의 주인이 된다.

이 책은 자녀와의 관계를 그대로 유지하기를 바라는 부모들을 위한 것이 아니다. 그 변화가 크든지 작든지 간에 바꾸려는 의지가 있는 부모들을 위한 것이다. 모범생, 문제아를 비롯해, 계급·인종·문화를 막론하고 아이들을 키우는 모든 부모를 위한 책이다.

  이미 미국, 호주, 영국, 이탈리아, 중국 등 세계 여러 나라의 수많은 아이들이 슈퍼캠프를 통해 성공 신화의 주인공이 되었다. 독자들은 이 책을 통해 그 진가를 알 수 있을 것이다. 슈퍼캠프가 어떻게 아이의 뛰어난 잠재력을 폭발시키는지 말이다. 이제 여러분도 세계적 명성을 얻고 있는 슈퍼캠프를 한국에서 만나 볼 수 있다. 슈퍼캠프를 통해 당신 아이에게 일어날 마법 같은 변화를 직접 지켜보길 바란다.

바비 드포터

CHAPTER 1

왜 내 아이를
이해할 수 없을까

애정이 넘치고 모범적인 부모도 아이들이 청소년기에 접어들면 이런저런 걱정이 생긴다. 어떤 이들은 두려워하기도 한다. 모든 부모들이 이러한 과정을 거치면서 좀 더 나은 방법으로 자녀들을 도와주기 위해서 고민한다. 부모들도 항상 뭘 해야 하는지를 알고 있는 것이 아니기 때문이다.

슈퍼캠프 졸업을 앞둔 전날 밤이었다. 수백 명의 아이들은 색색으로 장식된 무대 위에 서 있었다. 당당하게 앞을 바라보고 선 그들의 시선은 청중을 향했고 눈동자는 빛났다. 그들은 9일 만에 변화된 자신들의 모습이 믿겨지지 않았다. 이상한 일이었으나 기분 좋은 변화였다. 활기찬 음악이 분위기를 고조시켰다. 차례차례 한 명씩 앞으로 나왔다.

"저는 존 칼튼입니다. 제 인생에서 가장 중요하게 생각하는 것은 정직입니다. 앞으로 다른 사람들을 정직하게 대함으로써 진실하게 살아가는 것을 보여 드리겠습니다. 오늘 밤 이를 지킬 것을 약속합니다."

"저는 사라 굿슨입니다. 제 삶에서 가장 중요하다고 생각하는 것은 가족입니다. 앞으로 가족과 함께 보내는 시간을 늘리고 그들과 많은 것을 공유하겠습니다. 오늘 밤 이를 지킬 것을 약속합니다."

한 팀의 조원들이 발표를 끝내자, 청중들은 벌떡 일어나 엄청난 박수를 보냈다. 무대 위에 있던 아이들은 일어나서 이 모든 환호를 즐겁게 받아들였다.

당신의 딸과 아들이 그 무대 위에 있다고 상상해 보라. 100명이 넘는 사람들 앞에서 홀로 선 아이는 조금 두렵겠지만 잘해낼 것이다. 그 아이는 청중들을 똑바로 쳐다보며 자신감 넘치는 목소리로 자신의 가치관을 다른 이들과 나눌 것이다.

아이들이 내면에 있는 무언가를 찾아냈을 때 그것은 진가를 발휘한다. 아이들은 자신의 에너지가 변화되는 것을 느낀다. "와! 나는 특별한 사람이구나. 나는 내 모습 그대로여도 행복할 수 있고 내가 하고 싶은 것은 뭐든 해낼 수 있어."

우리는 이러한 변화가 진짜라는 것을 안다. 왜냐하면 반복되는 이 모습을 수없이 지켜본 증인이기 때문이다. 슈퍼캠프의 강사Facilitator이자 리더Super staff인 우리는 열흘 동안 진행되는 슈퍼캠프에서 청소년들이 긍정적인 모습으로 변하는 것을 보았다.

슈퍼캠프에서는 청소년들이 사람들과 어울리는 방법을 배우며 공부를 즐겁게 받아들이는 것을 배운다. 그들은 이제 막 '어떻게 멋있어지는지'를 배운 것이다.

부모는 자녀가 모범생이든 문제아든 간에 '난 할 수 있어'라는 태도를 갖길 바란다. 많은 부모들은 자녀가 청소년기를 거치는 동안 무슨 일이 일어나고 있는 것 같다고 말한다. 많은 사례를 봤을 때 아이들은 동기 부여, 자신감 혹은 학업 성취 부분에서 누군가의 도움이 필요하다. 또 부모가 알던 사랑스럽고 행복해 보이던 아이가 낯선 사람이 되어 있는 경우도 있다. 이런 아이들은 아마도 뭐가 못마땅한지 부루퉁한 얼굴로 아무 말도 안 하거나, 자신을 숨기려 하거나, 아니면 감정을 폭발시킬 것이다. 이러한 것은 작은 부분에서 시작한다. 그들은 규칙을 무시하거나 좋지 않은 영향을 미치는 친구들과 어울리기 시작할 것이다. 물론 성적도 떨어지고 학교에서의 태도도 점점 나빠질 것이다. 아이들은 자신이 쿨하다고 생각하면서 점점 친구들과 멀어지고 학교 활동에도 빠지기 시작할 것이다. 부모들은 그런 자녀가 멀어지고 있다고 생각하게 되는데, 그때가 바로 아이와 더 가까워져야 할 시점이다.

이 책은 청소년이 직면한 문제들에 대해서 이야기하지만 심각한 정서 장애나 행동 문제는 다루지 않는다. 그저 평범한 아이들의 이야기를 할 뿐이다. 정이 많고 모범적인 부모에게도 이런 걱정은 생긴다. 어떤 사람들은 두려워하기도 한다. 모든 부모들이 이러한 과정을 거치면서 좀 더 나은 방법으로 자녀들을 도와주기 위해서 고민한다. 부모들도 항상 뭘 해야 하는지를 알고 있는 것이 아니기 때문이다.

자녀가 놀이터에서 노는 것을 바라보는 게 얼마나 기분 좋은 일이었는지를 떠올려 보라. 아이가 놀이터에서 무당벌레를 관찰하고, 삽을 사용하는 법을 배우고, 다른 아이와 모래 놀이를 하는 모습을 보면서 하루하루 놀라웠을 것이다. 부모는 적당한 거리를 두고 아이가 독립적으로 세상을 경험할 수 있도록 지켜봐야 한다. 자녀가 청소년기에 접어들면 더 이상 부모는 아이의 삶을 공원 벤치에서 지켜볼 수 없게 된다. 십대 자녀를 둔 대부분의 부모들은 아이의 유년 시절에 그랬던 것처럼 아이의 삶을 들여다보고 다시 소통하기를 원할 것이다.

좋은 소식이 있다면, 여러분은 그렇게 할 수 있다. 자녀가 청소년기에 접어들게 되면 가족 간의 대화가 단절된다. 여러분은 소통의 창을 열어 둘 방법을 찾을 수 있다. 누구나 자신에게 다가오는 청소년기와 성년을 기쁨과 즐거움으로 맞이하는 것이 가능하다. 또한 반대로 그것을 부정적으로 받아들이기 시작하고 악순환이 되는 것도 가능한 일이다. 평범한 아이들은 성적이 향상되고, 심지어 우울해하고 침울하던 아이들도 캠프가 끝나고 집에 돌아갈 때는 긍정적이고 사랑스럽고 에너지가 넘치는 아이가 된 경우를 우리는 방학마다 보고 있다. 슈퍼캠프는 그렇게 변화하도록 힘쓴다.

가끔 아이들이 캠프 이름인 '슈퍼캠프'에 대해서 놀리는 경우도 있다. 그 이름이 프로그램의 지향점이나 고차원적인 내용을 담고 있지는 않다. 우리는 이 프로그램을 교육 실험실이라고 생각한다. 매 세션이 끝나면, 스태프들이 모여 평가하고 업데이트하고 조율한다. 이 회의 시간을 통해 아이들에게 좋은 영향을 미친다고 판단되는 것들은 남겨두고, 그렇지 않은 것들은 과감히 버리기도 하고 수정하기도 하면서

추려 낸다. 이렇게 계속해서 변화한다는 것이 다른 프로그램들과 다른 점 중 하나다.

우리가 30여 년에 걸쳐서 배운 것에 대해 부모들도 알고 싶어 한다. 즉 그들은 자녀의 삶을 새로운 시선으로 보려면 어떻게 해야 하는지에 대해 알고자 한다. 슈퍼캠프의 경험을 글로 설명하려면 일단 아이들이 슈퍼캠프에 올 때의 모습과 떠날 때의 모습이 얼마나 다른지를 봐야 한다. 이 경험을 통해 청소년들이 직면해 있는 가장 큰 일곱 가지 문제를 골랐다.

1. 인간관계 문제
2. 상처받은 감정
3. 자기 이미지를 부정적으로 인식
4. 변화에 대한 두려움
5. 낮은 학업 성적
6. 집중력 부족
7. 낮은 동기 부여

이러한 문제들은 아이와 어른 모두가 직면해 있는 것이자 해결해야 할 것이기도 하다. 한 번도 자기 자신에 대해서 의심해 보지 않은 사람이 있을까? 자신의 환경이 바뀌는 것에 대해 한 번도 걱정해 보지 않은 사람이 있을까? 예를 들어, 부모의 이혼, 건강 악화, 전학으로 인한 낯선 환경 등등. 아이들이 이러한 문제에 직면해 풀어 나갈 능력이 없을 경우에는 사회적, 학습적 발달이 멈추게 된다.

우리가 분석해 본 결과, 이 문제들의 핵심은 아이들이 자기 인식이 결여되어 있고 이해받고 싶어 하는 욕구가 있다는 것이다. 또 이러한 문제는 사회적, 사고적, 그리고 학습 기술 등을 필요로 하는 것과 결부된다. 아이들은 인정받고 믿음이 생기고 수용을 하기 시작하면 비로소 문제를 해결해 나간다. 그들은 표현하는 것을 두려워하지 않고 자신이 누구인지 드러내며 사람들과 소통한다. 우리는 인성을 길러 주고 학업 성적의 향상시키기 위해 성공한 사람들의 공통된 습관인 '8가지 성공의 열쇠 Success 8 Keys'를 기준점으로 제시한다. 슈퍼캠프에서 아이들은 자연스럽게 성공한 사람들의 8가지 습관을 배우게 되며, 이를 받아들이는 아이들에게 8가지 성공의 열쇠는 평생 지녀도 될 기준점이 될 것이다.

8가지 성공의 열쇠

1 **정직성** Integrity
    자신이 옳다고 생각하는 가치와 자신의 행동을 일치시켜라.

2 실패에서 성공으로 Failure Leads To Success

실패를 분석하고 배움으로 만들어라.

3 긍정적 의도로 말하기 Speak With Good Purpose

긍정적이고 정직한 그리고 바른 의사소통을 하라.

4 바로 지금! This Is It

매 순간을 최대한 활용하라.

5 몰입 Commitment

방법과 시간이 얼마나 걸리든지 간에 하려는 일에 몰입하라.

6 책임감 Ownership

내 삶의 주도권을 가져라.

7 유연성 Flexibility

원하는 결과를 위해 충분히 변화할 수 있는 마음을 가져라.

8 균형 Balance

자신의 감성, 육체, 정신 모두가 만족스러운 삶을 살아라.

슈퍼캠프에서는 십대들이 지닌 가장 큰 7가지 문제를 기간 내에 도전 과제로 삼아 경험하게 된다. 우리는 우리가 보고 경험한 것들을 아이들의 눈높이에서 설명한다. 여러분도 이 책을 통해 이 과정에서 아이들이 어떻게 변화하는지 볼 수 있다. 아이들이 이러한 경험을 통해 자신이 한 일에 대해서 책임지는 법, 남을 탓하지 않는 태도, 자신이 원하는 것과 꿈에 대한 주인 의식을 갖게 되는 것을 보게 될 것이다. 또 어떻게 그들의 행동과 시각이 변하는지를 알게 될 것이다.

1 자신감을 가지고 의사소통을 하게 되면 좋은 인간관계를 형성할 수 있다
자신만의 생각으로 추측하는 게 아니라 문제의 관점을 바꿀 줄 알며, 자신의 생각과 감정을 확실하게 전달하라.

2 자존감은 상처받은 감정을 긍정적인 것으로 변화시킬 수 있다
도전에 대한 책임을 당당히 자신이 진다는 생각으로 거부당하는 것을 두려워하지 말고, 실패한 것을 배움으로 삼게 도와줘라.

3 자신에 대한 신뢰는 부정적인 자기 이미지를 떨쳐 낼 수 있다
자신에게 특별한 능력이 있다는 것을 믿고, 스스로 원하는 삶을 선택할 권리가 있다는 것을 인식시켜 줘라.

4 변화를 두려워하지 말고 유연하게 받아들여야 한다
주어진 상황은 자신이 어떻게 생각하느냐에 달려 있다는 것을 알게 하라.

5 공부에 책임감을 가질 때 낮은 학업 성적을 향상시킬 수 있다
공부에 책임감을 가질 수 있도록 환경을 만들어 주고, 배움에 대한 즐거움을 느낄 수 있게 도와줘라.

6 알맞는 학습 방법과 태도를 익혀 학습에 적용하면 집중력을 높일 수 있다
집중력을 학습에 사용할 수 있도록 학습 방법과 자세를 훈련하라.

7 잘 해낼 수 있다는 자기 인식은 강한 동기를 부여한다
크고 작은 목표들을 설정하고 성공하는 것을 상상하며 한 단계씩 성취감을 맛보게 하라.

슈퍼캠프는 퍼즐처럼 태도, 표현법 그리고 활동들이 모두 더해져서 엄청난 효과를 만들어 낸다. 각 조각들은 적절한 시기에 맞춰진다. 우리가 하는 일이 단계별로 만들어진 전략이라고 생각하진 않는다. 우리는 이것을 오케스트라 연주를 지휘하는 과정과 같다고 생각한다. 잔물결이 모이고 모여서 큰 파도가 되듯이 말이다. 이 책은 우리가 어떻게 연주하는지 그 과정을 보여 줄 것이다. 받아들이고 조정하고 우리가 제안하는 모든 것들을 함께 고민해 보길 바란다. 이러한 경험들이 여러분과 여러분 자녀에게 받아들여지는지의 문제는 각자의 몫이 될 것이다. 왜냐하면 가족마다 다 다르기 때문이다. 우리는 모두에게 해결책이 되는 방법을 갖고 있지는 않다. 우리는 여러분이 자기만의 결말을 만들 수 있도록 도와주는 역할을 할 것이다.

공원 벤치에 앉아 아이의 모습을 지켜본 것처럼 이 책을 아이의 삶을 들여다볼 수 있는 새로운 공간이라고 생각하고 읽어 보기 바란다. 이 책은 십대들을 다른 관점, 곧 그들의 관점으로 볼 수 있는 방법에 관한 것이다. 이러한 관점은 슈퍼캠프의 기초이자 주요 방침 가운데 하나다. 우리의 것을 그들의 것으로, 그들의 것을 우리의 것으로! 우리의 중요한 목표 가운데 하나는 부모가 새로운 관점으로 자녀를 볼 수 있도록 도와주는 것이다. 밖에서 안을 들여다보고 때로는 안에서 밖을 들여다볼 수 있도록 말이다. 부모와 자녀가 예전의 사고를 새로운 것으로 바꿀 때 모든 것은 달라지고 새로운 세상이 시작된다.

그것은 성가신 과정이 될 것이다. 부모는 문제를 파고들어 가 봐야 하고 실험도 해 봐야 한다. 또 효과 없는 것은 걸러 내고 효과 있는 것에 대해서는 더 깊게 생각해 보아야 한다. 하지만 이 지루한 과정을 견뎌내고 계속해서 발전시켜 나간다면, 부모와 자녀 사이의 신뢰는 더욱 단단해질 것이다.

이 책은 부모와 자식 사이의 현재 관계를 유지하고 싶은 부모들을 위한 것이 아니다. 이 책은 무언가 다른 것을 할 준비가 되어 있는 부모를 위한 것이다. 우리는 슈퍼캠프에서 이렇게 가르친다. "결과는 자신이 스스로 행동을 변화시켜야 얻어질 수 있다."

부모는 자녀와 연결되어 있다는 느낌을 주는 것이 그 무엇보다 중요하다. 요새 아이들은 급변하는 정보와 선택 그리고 결정을 해야 하는 세상에서 살고 있다. 부모가 이를 인식하지 못한다면 앞으로 자녀를 이해하기가 더욱 어려워질 것이다. 청소년기의 아이들은 고속도로에서 자동차의 가속 페달을 밟고 달리는 것과 같다. 아이가 자라는 것을 곁에서 함께 겪고 싶다면 부모도 속도를 높여야 할 것이다. 그렇지 않다면 뒤처질 것이다. 슈퍼캠프는 끊임없이 진화하고 변화하면서 부모들이 아이들과 속도를 맞추거나 같이 주행할 수 있도록 도와주고 있다.

우리가 느끼고 배운 것을 부모들과 나눔으로써 부모와 자녀 사이의 관계가 개선될 것이라 믿는다.

CHAPTER 2

인간관계는
의사소통 능력이 좌우한다

앤디의 어머니는 앤디가 언제나 원하는 모든 것을 가지려 하는 아이라는 것을 알고 있다. 어느 날 앤디는 어머니의 새 노트북을 가지고 외출하겠다고 말했다. 어머니는 이를 허락하지 않았다. 그러자 앤디는 왜 노트북을 갖고 가면 안 되는지 그 이유를 말해 달라고 했다.

그제야 어머니는 앤디가 노트북을 빌리는 것뿐만 아니라 방 청소 등 매번 이유를 물으며 꼬투리를 잡으려 한다는 것을 깨달았다. 그는 항상 이유를 요구했다. 만약 어머니가 말하는 이유가 타당하다고 생각한다면 앤디는 그때야 포기할 것이다. 하지만 타당하다고 느끼지 않는다면 그는 포기하지 않을 것이다. 사실 이 노트북에 대해서는 어머니에게 선택권이 있다. 이런 상황에서는 앤디가 자신의 요구를 좀 더 자세히 설명해 어머니를 이해시켜야 한다. 하지만 앤디는 이를 모르는 것 같았다. 앤디는 모든 것을 자신의 기준으로만 판단하는 것처럼 보였다.

슈퍼캠프 프로그램이 청소년기 아이들과 함께하기를 좋아하는 것은 그들이 인간관계를 만드는 기술을 습득하는 과정에 있기 때문이다. 그 과정에서 아이들은 자신의 세계에서 자신이 어떠한 위치에 있는지, 또는 사람들 간의 관계의 의미를 생각하기도 하고, 때로는 복잡한 결과, 충돌, 강렬한 감정의 소용돌이에서 그것을 견뎌 내기도 한다. 아이들의 인간관계란 말하자면 미개척 영토다. 그들에겐 무한한 가능성이 열려 있다.

    물론 십대들의 인간관계는 가끔 까다롭고 그들에게 부정적인 영향을 미칠 수 있다. 그리고 정리해야 하는 부분들도 분명히 존재한다. 여러분이 청소년이었던 시절을 기억하라. 그것이 자녀를 이해하는 데 도움을 줄 것이다. 부모가 자녀의 안전을 위해서 규칙을 만든다면 자녀는 자신의 인생을 지배하려 들지 말라고 할 것이다. 부모가 자녀에게 그 규칙은 너를 위해서 필요한 것이라고 설명한다면 아이는 샐쭉한 얼굴로 '뭐래?'라고 답할 것이다. 부모와의 사소한 오해 때문에 아이는 한 달 동안 언짢아할 수도 있다.

이는 부모와 자식 사이만의 문제가 아니다. 대부분 십대들의 친구 관계는 별 일 없이도 종종 뜨겁게 달아오르기도 한다. 이것은 연애 장면과 크게 다르지 않다. 지난주에는 그들을 열광시켰던 일이 오늘은 무덤덤하게 느껴지는 것과 마찬가지다. 이는 그들이 형제나 자매를 대하는 태도에도 적용될 수 있다.

감정을 폭발시키는 것보다 더 무서운 태도는 반대로 감정을 드러내지 않는 경우다. 아이들은 부모의 눈을 보지 않고 물음에 '네,' '아니요'로 대답하기도 한다.

"오늘 하루는 어땠니?"

"그냥 뭐."

"숙제는 잘 했니?"

"네."

"뭐 재밌는 일은 없었니?"

"없어요."

"오늘은 뭐 했니?"

"기억이 안 나요."

그리고 그들은 멀어져 간다.

누군가에게는 날카로운 대답이나 불친절한 말투가 상처로 남는다. 일부는 반항적이 되기도 한다. 학교에서 싸움에 휘말리기도 하고 학교 성적표에 달린 선생님의 의견에 반 아이들과의 관계가 좋지 않다는 말이 적혀 있기도 한다. 그들은 친하던 친구들을 멀리하고 좋지 않은 영향을 미치는 친구들과 어울리기 시작할 수도 있다.

부모들은 자녀가 삐뚤어지는 것을 보면 무언가 행동을 취하고 싶어 하고, 아이가 상처를 받으면 고쳐 주고 싶어 한다. 하지만 불행하게도 부모가 취하는 행동은 상황을 악화시키는 경우가 대부분이다. 부모는 아이에게 가까이 다가가려 하지만 결국은 아이가 밀어내 버려 더욱 멀어질 뿐이다. 이런 상황 속에서 부모는 다음과 같은 마음을 지녀야 한다. "내가 알던 멋진 아이는 아직도 아이의 내면에 존재해. 결국 그 멋진 아이는 다시 돌아올 거야."

물론 이런 불편한 시간들이 이야기의 전부는 아니다. 십대들과 대화를 시도하는 것이 힘든 과제일지라도, 이 대화는 서로 의지하게 하고 마음을 열게 하며 신뢰가 형성되는 과정이 될 수 있다. 아무나 붙잡고 인생에서 가장 가깝고 친한 친구를 만든 시기가 언제인지 물어보라. 많은 사람들이 자신의 십대 시절이 가장 열린 마음으로 사람을 받아들인 시기였음을 떠올릴 것이다.

거대한 시계추가 흔들리는 것처럼 청소년들의 인간관계도 그러하다는 것을 받아들여야 한다. 아이들이 인간관계에 있어서 헤매고 있다는 것은 자신이 누구인지를 알아가는 과정이라고 생각하면 된다. 아이들은 그 과정에서 자신이 세상의 중심이 아님을 알게 되고, 그렇다면 자신은 어떤 부분에 속해 있는지 깨닫게 된다. 이때 아이들이 자신이 어디에 속해 있는지를 알기 위해서는 온전히 자기 자신에게 더욱 집중해야 한다.

아이의 관점에서 본다면, 이 과정은 절망적일 것이다. 아이는 "부모님은 날 이해 못해, 내가 어떤 아이인지 나다운 게 뭔지 몰라"라고 생각할 것이다.

우리는 이 과정을 자세히 관찰해야 한다. 왜냐하면 아이들은 자신에게 너무 집중한 나머지 모든 문제들을 자신과 동일시하는 경향이 있기 때문이다. 청소년들은 종종 부모들과 다른 사람들이 "너희가 문제야" 하는 것을 말 그대로 "내가 문제구나"라고 받아들인다. 그러한 것들이 아이의 감정을 폭발시킨다. 마치 다친 부분이 다시 아프지 않게 부모가 신경을 써야 하는 것과 같다. 십대들의 자아는 단단하지 못하다. 성인들이 자기 방어를 하는 것과는 달리 아이들은 감정적으로 성숙하지 못하기 때문에 자기 방어에 약하고 그들의 자아는 상처받기 쉽다.

청소년들은 감정적으로 미성숙할 뿐만 아니라 기본 의사소통 기술도 부족하다. 간단히 말하자면 아이들은 그걸 배워 본 적이 없다. 아이들은 자신들의 얘기에 아무도 귀 기울이지 않았기 때문에 의사소통이 잘 안 된다고 생각한다. 그들은 경청하고 이해하려는 것보다 자신이 뭘 원하는지를 이야기한다.

부모와 자녀가 대화하다 보면 종종 부모는 부모의 관점에, 아이는 아이의 관점에 머문다. 그 순간 자신의 위치가 도전을 받는다고 생각하면 각자 자신의 관점을 더욱 내세우게 된다.

하지만 아무리 언성이 높아지더라도 그 안에는 진정한 대화의 기회가 잠재해 있다. 모두가 자신의 요구를 주장하고, 모두가 듣지 않는 와중에 자신을 이해해 주는 사람이 있다면 그 관계가 얼마나 단단해지겠는가?

우리가 살펴본 바에 따르면 아이들의 신뢰는 생각보다 쉽게 부서진다. 왜냐하면 이해를 받고 싶어 하는 마음이 크기 때문이다. 예를 들어, 아이가 "이렇게 이상한 머리로는 학교 못 가"라고 말할 때 "아무도 신경 안 써. 신경 꺼"라고 대답하는 부모의 태도는 대화를 나누려던 아이의 바람을 없애 버린다.

십대들에게 신뢰는 부모가 자신을 이해해 준다고 생각할 때 형성된다. 소통이 무너지면서 이러한 신뢰도 같이 무너진다. 이렇게 믿음이 무너지면 어떻게 믿음을 다시 쌓아야 할까? 어떻게 의사소통의 통로를 복구할 수 있을까?

상호작용이라는 것도 십대가 있는 곳에서는 출발점이 다르다. 어른인 우리가 지금부터 아이들의 관점에서 아이들과 대화하고 그들을 도우려면 어떻게 해야 하는지, 우리의 경험을 토대로 고민해 보자. 이러한 노력을 시작하면 아이들과의 소통 방법도 변화할 것이다.

 먼저 아이의 관점에서 보라

모든 부모들은 사랑하는 자녀를 이해하기 위해 노력한다. 그럼에도 불구하고 부모들이 아이의 상황을 받아들이지 못하는 것은 자신의 관점을 개입시키기 때문이다. 부모들은 자신의 관점에서 아이를 바라보고 도와주는 것이 부모가 해야 하는 역할이라고 생각하기도 한다. 우리의 첫 번째 목표는 십대들의 세상으로 들어가는 것이다.

아이들을 심도 깊게 이해하는 것은 슈퍼캠프의 의무이자 사명이다. 우리는 아이들을 그저 바라보기만 하는 게 아니라 매일매일 그들의 삶 속으로 들어가려 한다. 이는 그들과 어떻게 잘 지낼 수 있는지 방법을 모색하는 과정이다. 아이들과 잘 어울려 보면 아이에 대한 통찰력이 생긴다.

부모들은 자녀의 관점을 이해하지 못한 채 자녀의 문제점을 해결하려 든다. 그들은 십대의 눈높이에서 문제를 보는 것이 아니라 성인의 관점에서 바라본다. 슈퍼캠프 졸업생 데이비드 에반은 "많은 부모님들은 우리의 본성을 더 개발시켜 주는 것이 아니라 우리에게 없는 모습을 강요한다"라고 말했다.

슈퍼캠프는 청소년들의 관점을 이해하는 데 중점을 둔다. 아이들은 부모가 자신의 이야기를 들어주고 이해한다고 느끼면 그 감정에 고무되어 그들 또한 부모의 이야기를 잘 듣고 이해하기 시작한다. 부모가 얼마나 아이의 관점에서 보느냐에 따라 청소년기에 있는 아이의 세상이 변한다.

　슈퍼캠프는 전반적으로 팀 활동을 한다. 매일 아침 팀원들을 격려하는 노래를 하기도 한다. 이러한 노래를 함께 부르는 것은 결속을 다지는 데 좋은 역할을 한다. 아이들은 그룹 안에서 서로의 세상에 속할 수 있다는 것을 알게 되며, 날마다 이루어지는 활동을 통해 팀원들과 유대가 돈독해진다는 사실을 알게 된다. 아이들은 타인의 세상에 속하는 것에 재미를 느낀다.

　아이들은 다른 사람들과 관계를 맺게 되면 얼마나 기분 좋은지를 경험하게 되었을 때, 상대방과 관점을 나누게 되면서 자연스럽게 자기 자신에 대해서도 그전보다 깊게 생각하며 마음의 문을 열게 된다.

 언제 마음의 문을 열고 대화할까

캠프에서 며칠을 보낸 후, 신뢰의 단계가 높아졌다고 생각될 때, 우리는 아이들을 네 명씩 그룹으로 묶어서 그들의 꿈에 대해 진지한 질문을 한다. 신뢰 단계가 높은 상태이므로 우리는 질문마다 조금씩 속 깊은 이야기를 할 수 있도록 유도한다. 아이들은 매우 진지하게 답하며 자신의 안전지대를 점점 넓혀 간다. 그렇게 몇 분간의 시간을 보내고 나서 우리는 그들에게 "너의 꿈을 다른 사람들과 나누는 기분이 어땠어?"라고 묻는다.

아이들은 이때가 되어서야 그 과정에서 용기를 냈다는 것을 깨닫고 자신이 이렇게 터놓고 이야기할 수 있을 줄 몰랐다고 말하곤 한다. 대부분의 아이들이 약간은 두려웠지만 그래도 좋았다고 이야기한다. 며칠 전만 해도 이들 가운데 대부분은 이러한 대화를 전혀 나눌 수 없었다.

이 시점은 아이들이 이미 서로를 이해하고 받아들일 수 있는 팀 안에서 며칠을 보낸 뒤다. 그들은 자기가 얘기를 할 때 팀원들이 잘 들어줄 것이라는 걸 알고 있었다. 그렇지만 만난 지 며칠 안 된 사람들에게 개인적인 이야기를 진지하게 말하기가 조심스러울 수밖에 없었을 것이다. 하지만 사람들이 자신을 평가하지 않고 비웃지 않고 얕보지 않을 거라는 것을 알고 있기 때문에 자신만의 안전지대에서 한 발씩 내딛을 수 있었던 것이다. 정서적 안정감을 느끼는 장소에서 아이들은 더 원활하게 소통할 수 있는 방법을 찾는다. 그들은 괜찮다는 것을 경험해 보고 느꼈기 때문에 비슷한 환경에서도 시도할 수 있게 된다. 부모가 있는 집이야말로 이런 환경과 비슷하다.

 의사소통을 잘하는 방법

좋은 관계는 의사소통을 함으로써 만들어진다. 그리고 의사소통은 기술이다. 열흘 동안 캠프에서 아이들은 다른 이들과 상호작용하면서 의

사소통 기술을 배우고 연습한다. 그들은 경청하는 자세와 상대방에 대해서 더 아는 방법, 자신이 원하는 바에 대해서 분명하고 바르게 말하는 방법, 다른 사람이 상처받은 상황을 정리하고 사과하는 방법, 그리고 그들이 상처를 받았을 때 자신의 감정을 바르게 표현하는 방법 등에 대해서 배우게 된다.

목수의 도구 상자에는 수많은 도구들이 들어 있는데 도구마다 각각의 기능이 있다. 의사소통을 잘하는 방법들은 다양하다. 의사소통을 잘하려면 마치 목수가 용도에 알맞은 도구를 골라 사용하듯 그 상황에 적합한 방법을 사용해야 한다. 여기에 아이들에게 가장 도움이 될 만한 도구 여섯 가지를 소개한다.

1. 경청하기

슈퍼캠프에서는 종종 두 강사가 농담과 함께 상황극을 벌이곤 한다. 레이첼은 친한 친구인 코트니와 함께 올라온다. 그녀는 거의 울기 일보 직전이다.

"급식실에서 나탈리랑 콜린을 마주쳐서 같이 앉자고 했는데 날 보며 웃더니 거절했어."

레이첼이 그 두 사람이 자신에게 얼마나 예의 없이 굴었는지 설명하려고 하자 코트니는 "네 말이 무슨 말인지 알겠어. 그런데 너 제이미가 지난주에 나한테는 뭐라고 했는지 못 들었구나? 글쎄 뭐라고 했냐면……"이라며 말을 끊는다.

레이첼이 이제 앞으로 그들을 어떻게 대해야 할지 모르겠다고 하자 코트니는 "그때 한마디 했어야지. 가만히 놔뒀어? 내가 너였다면 그 나쁜 애들한테……"라고 말한다.

레이첼은 코트니에게 콜린과 나탈리가 얼마나 자신의 기분을 상하게 했는지 말하려고 하지만 코트니는 "그렇게 작은 거 하나하나에 연연하지 마! 한 달만 지나도 기억조차 안 날 거야"라고 말한다.

"근데, 너 점심으로 뭐 먹었어?" 코트니가 손으로 머리카락을 꼬면서 이야기한다. 대화는 내리막길을 걷는다. 그리고 레이첼이 코트니에게 다음 금요일 방과 후에 그 둘과 이야기해 볼 계획을 얘기하자, 코트니는 "그거 잘됐네, 얘기 끝나고 같이 쇼핑몰에 놀러나 갈까?"라고 답한다.

상황극이 끝나고 강사가 묻는다. "여러분, 자기 이야기가 무시당한다면 그 기분은 어떨까요?"

십대들에게는 대답하기 쉬운 문제다. 아이들은 그런 경험이 많다. 그럴 때 아이들은 좌절감을 느꼈고 화가 났다. 이는 자신을 중요하지 않은 사람이라고 느껴지게까지 한다.

좋은 의사소통 기술을 터득하는 것은 무엇을 하지 말아야 할지 아는 것에서부터 시작한다. 대화를 방해할 만한 행동을 하지 않는 것이다. 코트니가 레이첼과의 대화를 망치고 싶지 않았다면 머리카락을 꼬는 것, 천장 타일을 세는 것 등을 하지 말았어야 한다.

근본적으로 코트니가 잘 듣지 않는 이유는 그녀가 GABS(입으로 듣는) 태도를 가지고 있기 때문이다. GABS는 다음과 같은 의미다.

- Grabbing The Glory 대화의 주도권을 자기가 가지고 싶어 하고,
- Advising 충고하려 들며,
- Belittling 축소하거나 얕보고,
- Sidestepping 옆길로 화제를 돌린다.

코트니는 자기 이야기를 레이첼의 것보다 중요하다고 여기며 주도권을 가져간다. 코트니는 이렇게 말한다. "네 말이 무슨 말인지 알겠어. 그런데 너 제이미가 지난주에 나한테 뭐라고 했는지 못 들었구나? 글쎄 뭐라고 했냐면……." 이렇게 자기 이야기를 시작한다. 레이첼이 잠시 후 다시 이야기를 이어나갈 수는 있겠지만, 코트니는 곧장 이렇게 말한다. "그때 한마디 했어야지. 가만히 놔뒀어? 내가 너였다면 그 나쁜 애들한테……."

코트니는 자신이 레이첼에게 충고해 줄 수 있는 좋은 친구라고 생각할지 모르겠다. 다른 사람이 고민거리를 털어놓을 때 돕고 싶어 하는 것이 우리의 본성이다. 하지만 레이첼이 정말 원하는 것은 자신의 말을 들어주는 것이다. 캠프 참가자들은 의사소통의 본질이 그 사람의 상황을 더 나아지게 도와주는 것보다 관심을 더 주는 것이라는 걸

알게 된다. 충고해 주는 것은, 대화의 주도권을 가져올 뿐만 아니라 말하는 사람의 주의를 자기 쪽으로 끌어오는 것이다. 그 결과, 말하는 사람은 자신이 존중받지 못한다는 느낌을 받는다.

코트니가 알아야 할 좋은 의사소통의 법칙이 있다. 상대가 충고를 구하지 않으면 충고하지 말라는 것이다. 이는 만약 코트니가 레이첼이 욕을 하거나, 흡연과 같은 나쁜 습관을 봤을 때와는 경우가 다르다. 이러한 경우에 코트니는 그녀에게 뭐든 말해야 할 의무가 있다. 하지만 아주 좋지 않은 상황이거나 위험에 처한 상황이 아니라면, 그녀에게 부모보다는 친구의 역할을 먼저 해 주는 것이 좋다.

코트니가 "그렇게 작은 거 하나하나에 연연하지 마! 한 달만 지나도 기억조차 안 날 거야"라고 말했을 때 그녀는 친구가 기분 나빠하지 않길 바라는 좋은 의도에서 말했을 것이다. 하지만 코트니가 이렇게 말했을 때, 레이첼은 그녀가 자신의 경험을 과소평가하는 것처럼 느낄 수 있다. 이것이 축소하기다. 레이첼이 그렇게 느꼈다면, 앞으로는 코트니에게 그전만큼 자신의 마음을 열 수 없을 것이다.

모든 사람이 대화 도중 옆길로 화제를 돌릴 때가 있다. 하지만 코트니가 레이첼과의 대화 중에 중요하지 않은 사항들에 대해 관심을 가질 때마다 레이첼은 코트니가 자신이 중점을 두고 말하는 것에 큰 관심을 가지고 있지 않다고 느낄 것이다. 청소년들 또한 부모가 이렇게 대할 때 어려움을 느낀다. 부모들이 아무렇지 않다고 생각하는 것들이 아이들에겐 중요한 가치일 수 있다. 부모가 자신의 이야기에 집중하지 않으면 아이는 이를 기분 나쁘게 받아들인다. 아이들이 말하는 "왜 내 이야기를 심각하게 안 받아들여요?"는 곧 "왜 나를 심각하게 안 받아들여요?"라는 것과 같다.

자, 이제 아이들은 상대의 말을 듣지 않는다는 게 어떤 모습으로 비치는지 알았다. 다시 상황을 돌려서 일주일 뒤, 다시 레이첼이 코트니에게 나탈리와 콜린에 대해 이야기하려고 왔다. 코트니는 의사소통을 잘하기 위해 노력하는 중이었기 때문에 이번엔 레이첼과 이야기할 때 EARS(귀로 듣는) 방법을 적용했다.

- Expression 표현: 상대방의 눈을 맞추어 경청하고 있음을 표현한다.
- Attentiveness 배려: 몸을 살짝 숙여 주의깊게 듣고 있음을 느끼게 한다.
- Restatement 확인: 상대방이 한 말에 대해 반복하거나 재진술하는 등 피드백을 해 준다. (예: 어제 친구와 다퉈서 기분이 좋지 않다고 할 경우에 '친구와 다퉜다구?' 혹은 '친구와 다퉈서 기분이 좋지 않구나'라고 할 수 있다)

레이첼이 코트니에게 나탈리와 콜린이 자신이 새로 산 청바지의 뒷모습에 대해서 안 좋게 이야기한 것에 대해서 말했다. 이때 코트니는 레이첼에게 잘 듣고 있다는 것을 나타내기 위해서 고개를 끄덕이고 시선을 맞추며 이야기를 들었다. 레이첼이 이 모든 상황에 대해서 이야기할 동안 코트니는 몸을 그녀 쪽으로 기울이고 손을 가만히 두었다. 레이첼이 이야기를 마치자 코트니는 "그러니까 네 말은 걔네가 이 모든 말들을 교장 선생님 앞에서 했단 말이지? 속상했겠다"라고 말했다. 코트니는 레이첼이 말한 이야기 중 중요한 부분에 반응한 것이다. 그 결과 레이첼은 코트니가 이번엔 자신의 이야기를 잘 들어준다고 생각하게 된다.

귀로 듣는 방법(EARS)을 사용하면 놀랍게도 말하는 사람은 말을 더 잘하게 된다. 실제로 캠프 참가자들은 상대의 말을 경청할 때 더 나은 의사소통을 할 수 있다는 것을 경험한다. 이것은 상식처럼 보이지만, 사람들이 쉽게 알아채지 못하는 일이기도 하다. "내가 잘 이해하지 못했던 게 내가 제대로 듣지 않았기 때문이구나"라고 아이들은 깨닫기 시작한다.

다른 사람이 내 이야기를 들어준다는 것은 어떤 기분일까? 누군가 나에게 관심을 갖는 느낌일 것이다. 많은 아이들이 대화 중 상대에 대한 관심을 보여 주는 것이 그들이 해 줄 수 있는 최선의 것이라는 걸 모르는 경우가 많다. 아이들이 친구들이나 가족이 자신에게 이야기할 때 바라는 것은 해결책이 아니라 그저 들어주는 것이라는 걸 알게 된다면, 의사소통 능력에 큰 날개를 다는 것과 마찬가지다. 자녀가 예전에는 절대 나누지 않았던 자신의 속 깊은 이야기를 털어놓는다면 부모에게도 엄청난 경험이 될 것이다. 가끔 마음과 마음으로 대화를 나누는 것은 부모와 자녀 사이의 관계를 다시 되살리게 해 준다.

자기 얘기로 돌려 버리거나 충고하거나 축소 또는 화제를 돌리는 등의 좋지 않은 대화 습관을 버리고, 일주일에 한 번쯤은 아이와 시선을 맞추고 경청의 자세를 취하며 확인으로 피드백하면서 깊은 이야기를 나누는 시간을 만들어 보는 건 어떨까? 소리 지르지 않고 '네, 아니요'로 대답할 수 없는 질문, 즉 학교에서 가장 어려운 것은 뭔지, 지금 제일 친한 친구는 누군지 같은 질문부터 말이다.

2. 친밀감을 형성하기

캠프에 처음 온 사랑스럽지만 내성적인 성격의 데릭이란 소년이 있었다. 데릭은 새로운 친구들을 사귀기 위해 많은 아이들이 몰려 있는 곳에 서성였다. 하지만 데릭은 그 주변을 맴돌기만 했다. 데릭은 멋진 친구들을 봤지만 어떻게 대화를 시작해야 할지 몰랐다. 사람들은 곧 데릭을 '혼자 있는 것을 좋아하는' 아이로 인식하기 시작했다. 여자 아이들은 그를 쳐다보며 "쟨 왜 항상 혼자 있는 거야?"라고 말했다.

데릭이 부끄러움을 타서 그러는 걸까? 뭐 그럴 수도 있다. 하지만 데릭이 새 친구를 만들지 못하고 있는 것은 그가 새로운 사람들을 만나는 방법을 몰라서다. 아무도 그에게 대화를 나누는 방법을 알려 준 적이 없다.

우리는 그런 청소년들을 많이 봐 왔고, 심지어 어른에게서도 그런 모습을 발견한다. 그들은 어떤 개인적인 정보를 나눠야 할지 모르고, 상대에게 어떤 일상적인 질문을 해야 하는지도 모른다. 공통적인 관심사를 찾는 것을 그저 운에 맡긴다.

우리는 아이들에게 좀 더 빠르고 쉽게 공통점을 찾을 수 있는 많은 방법을 제안한다. 아이들은 어떤 환경에서건 공통점을 찾는 방법을 개발할 수 있지만, 모델을 제시한다면 그들은 더 빨리 깨우칠 것이다.

캠프에서 파트너와 대화 나누기 활동을 하기 위해 아이들에게 파트너를 만들어 줄 때 강사들은 "너와 형제 수가 같은 사람을 찾아봐"라거나 "똑같은 피자 토핑을 고른 사람을 찾아봐"라고 한다. 여러 활동을 하면서 아이들은 자신의 일부분을 다른 아이들과 공유한다. 예를 들어 무서웠던 순간이나 제일 좋아하는 장소 같은 정보 등등. 그런 활동 중에서 연결 고리를 강력하게 만들 수 있는 것이 친밀감 만들기 활동이다.

친밀감 만들기 활동은 이렇게 진행된다. 일대일로 대화할 파트너가 정해지면 친밀감 기술이라고 하는 다음 세 가지 질문에 답하게 한다.

- "내가 너에 대해 몰랐던 것을 말해 줘."
- "네가 생각하는 내 장점은 어떤 것이 있니?"
- "우리가 공통으로 갖고 있는 부분이나 공통된 생각은 어떤 것이 있을까?"

대답하는 사람이 어떠한 답변을 하더라도 물어본 사람은 오직

"고마워"라고만 답한다. 참가자들은 자신의 대답에 대해 아무런 판단이나 비판 없이 "고마워"라는 답변을 들을 때, 더욱 자유롭게 자기 의견을 표현하게 된다.

파트너에게 세 가지 질문을 세 번에 걸쳐서 하면 된다. 그 다음에 서로 바꿔서 해 본다. 왜 세 번이냐면 처음 두 번은 아이들이 어색함과 부끄러움을 느껴 "넌 내가 이번 주에 피자를 먹은 걸 모를 거야"와 같은 다소 식상한 대답을 할 수 있기 때문이다. 세 번째 질문을 할 때면 그제야 의미 있는 대답이 나오곤 한다. 아이들은 사적인 것을 나누는 것이 조금 두렵지만 그것을 들어주고 공감해 주는 사람이 있다는 것을 알게 될 때의 기분은 무어라 표현하기 힘든, 매우 좋은 감정이라고 말한다.

캠프 이후 데릭은 집에서 부모님과 친밀감 만들기 질문을 몇 번에 걸쳐서 연습했다. 그 과정에서 데릭은 아버지가 대학 시절에 곤충 동아리에서 활동했고, 부모님이 독일의 검은 숲에 가보고 싶어 한다는 것을 알게 되었다. 그리고 데릭이 자기 전에 여동생에게 들려주는 기상천외한 이야기를 부모님이 좋아한다는 것도 알았다.

가족의 경우 친밀감 만들기 활동을 하면서 무조건 고맙다고 대답해야 하는 규칙을 지키지 않아도 된다. 계속 연습을 하다 보면 자연스러운 대화를 통해 가족 간의 진정한 의사소통이 이루어질 수 있기 때문이다. 글로 읽어서는 상상이 잘 안 될 수도 있으니 지금 도전해 보자. 그리고 꼭 세 번 물어보는 규칙을 지키자! 곧 이 프로그램에서 세

번 물어보는 규칙을 만든 것에 대해서 감탄하게 될 것이다.

  데릭은 팀원들과 연습한 뒤, 쉬는 시간에 마인드맵 수업 때 옆에 앉았던 익숙한 여학생에게 말을 걸었다. 데릭이 그녀에 대해서 알고 싶어 하는 질문을 했을 때 그녀는 어색하게 웃었지만, 그들은 기분 좋아 보였다. 그들의 대화가 점점 활기를 띠었다. 이런 상황은 다른 사람들의 마음을 끌었고 그 뒤로 상황은 잘 풀려 갔다.

3. 긍정적 의도로 말하기

여러 도구가 쌓여 있는 공구함에는 듣기 도구 옆에 말하기 도구도 나란히 놓여 있다. 8가지 성공의 열쇠 가운데 하나는 긍정적 의도로 말하기다. 긍정적 의도를 갖고 이야기하는 게 전부다. 이 열쇠는 캠프 참가자들에게 낯선 방법이 아니다. 집에서 다들 기본으로 배우는 것이기 때문에 아이들은 쉽게 이해한다.

  개선이 되길 바라는 목적도 긍정적 의도에 포함된다. 예를 들어 친구가 가창 시험 준비를 위해 노래 연습 중일 때, 친구에게 고음에서 반음이 떨어진다고 친절하게 얘기할 수 있다. 부정적으로 들릴 수도 있지만 가창 시험에서 잘하기를 바라는 긍정적 의도를 가지고 이야기한 것이라는 것을 친구는 곧 알 수 있다.

  사람들이 모든 이야기를 전적으로 긍정적 의도만 갖고 하지는 않기 때문에 이 방법은 더욱더 효과를 볼 것이다.

우리는 의사소통 방법을 변화시켰을 때 관계가 개선되는 것을 자주 봐 왔다. 두 사람이 긍정적 의도로 이야기할 때 그들에게 상호작용이 미치는 영향도 변한다. 단지 한 사람의 화법만 바뀌어도 그 두 사람의 관계는 눈에 띄게 달라질 것이다.

한 부모가 방을 어지르는 습관과 형편없는 학교 성적에 대해 자녀에게 윽박지르는 것을 참기로 결심했다. 그것은 쉬운 일이 아니었다. 하지만 윽박지르는 게 결국 효과가 없다는 것을 알기 때문에 도전해 보기로 했다. 한 달 동안 그녀는 자신이 할 수 있는 긍정적인 이야기만 아이에게 했다. 한 달은 생각보다 긴 시간이었다. 몇 주가 지나고 그녀는 아이가 예전보다 부엌에 오래 머무르면서 자기 이야기를 한다는 것을 느꼈다. 그 변화는 그녀가 만들어 낸 습관 중 제일 가치 있는 일이었다고 말했다.

4. 명확한 핵심을 전달하기

"이번 금요일 밤에 뭐하니?" 강사가 방 안에 가득찬 아이들에게 물었다. "바빠요." 누군가 대답했다. "영화 티켓이 두 장 있는데, 바쁘다니 어쩔 수 없지 뭐." 진행자는 이렇게 말하곤 누군가가 "금요일에 아무 일도 없어요"라고 할 때까지 질문을 반복했다. 드디어 원하는 대답을 한 아이가 나오자 진행자는 이렇게 대꾸했다. "정말? 너무 잘 됐다! 사실 영화 티켓이 두 장 있는데 내가 친구와 볼 수 있게 네가 숙제 자료

좀 찾아 주면 좋겠어."

아니면 둘 중 하나를 선택하게 하는 방법도 있다. 강사가 방 안을 둘러보며 이렇게 묻는다. "브리트니 스피어스에 대해서 어떻게 생각하니?" 브리트니 스피어스가 아니더라도 아이들이 공감할 수 있는 유명한 스타라면 아무나 괜찮다. 만약 어떤 아이가 그녀는 멋지다고 이야기하면 강사는 "너 진짜 브리트니 좋아해? 내가 본 사람 중에서 그 사람이 제일 이상한 사람 같은데. 너도 분명 이상한 애일 거야"라고 대답한다. 혹은 부정적인 답변이 나온다면, 강사는 "어떻게 그녀를 안 좋아할 수가 있어? 너 사람 보는 눈이 너무 낮은 거 아니야?"라고 한다.

모두가 이런 대화를 한 번쯤은 겪어 봤을 것이다. 우리가 이런 대화에 대해서 어떤 기분을 느꼈냐고 아이들에게 물어보면 대부분은 속임, 함정, 조작과 같은 단어들을 이야기한다. 아이들은 이런 식의 이야기는 다른 사람에 대한 신뢰를 무너트린다고 말한다.

인간관계 만들기 방법과 마찬가지로, 명확한 의사소통 방법에도 연습이 필요하다. "토요일 밤에 시간 돼?"라는 말 대신에 간단하게 "시간되면 영어 신문을 만드는 걸 좀 도와줄 수 있을까?"라고 덧붙인다.

만약 상대가 불확실한 의사소통을 하고 있다면 우리는 "왜 물어보는 거야?" 혹은 "계속 말해 봐"와 같이 답해 명확한 의사소통을 나눠야 한다.

아이들은 솔직한 의사소통이 뭔지에 대해 약간의 도움만 받고 나면 대화가 훨씬 유익해질 수 있다는 걸 알게 된다. 아이가 원하는 것을 말할 때 가장 좋은 방법 가운데 하나는, 돌려 말하지 않고 명확하고 간결하게 "내가 원하는 것은 이거야"라고 핵심을 말하는 것이다.

5. 의사 전달 기술: OTFD

거의 모든 부모와 자녀들이 고성이 오가고 감정을 상하게 하는 대화를 해 본 적이 있을 것이다. 심지어 성인들조차도 갈등을 해결하기 위해서 고군분투한다. 갈등이 생기면 아이들은 감정이 폭발하는데, 그들 대부분은 자신의 상처받은 감정을 상대가 알아들을 수 있게 표현하는 방법을 잘 모른다. 십대들은 대화를 악화시키지 않으면서 자신의 생각을 설명하는 것이 필요함을 알고 있다.

두 친구가 서로 마주보며 복도를 지나친다. 한 아이는 "안녕" 하고 인사를 하지만 다른 아이는 계속 핸드폰만 보면서 아무 말도 하지 않고 지나간다. 다음 날 그 복도에서 또다시 둘은 마주친다. 이번엔 어제 인사를 했던 아이가 친구를 불러 세워서 언짢은 말투로 이렇게 말한다. "너 무슨 일 있어? 이젠 내가 싫어? 아니면 무슨 문제 있어?" 그 말을 듣는 친구는 어이없어하고 당황스러워한다.

자, 다시 돌아가서 이번엔 인사에 답하지 않았던 친구에게 이렇게 말하면 어떨까.

"안녕! 잠깐 시간 좀 있어? 내가 어제 복도에서 너를 지나쳐 가면서 인사를 했어. 그런데 네가 아무런 대답이 없더라고. 그래서 나는 네가 못 들었거나 무시한 거라고 생각했어. 당황스럽고 기분도 나쁘더라. 혹시 우리 사이에 문제가 있다면 설명해 주면 좋겠어. 네가 다른 거에 신경 쓰느라 그랬을 수도 있겠지만 그래도 나는 네가 인사를 해 줬으면 좋겠어."

이 두 장면에서 뭐가 달라졌을까? 두 번째 상황에서 인사를 무시했던 친구는 무슨 말인지 알아듣고 대화의 문을 열 것이다.

OTFD(Open The Front Door) 문을 연다는 것은
- Observation 있었던 사실을 관찰하고
- Thought 상대방이 왜 그렇게 했을지 생각하고
- Feeling 자신의 기분을 표현하고
- Desire 자신의 바람을 말한다

OTFD의 목적은 문제에 대한 해결책을 찾는 동안 명확하고 긍정적인 방법으로 감정을 표현하는 것이다. 우리가 문제를 해결할 때 상대를 비난하거나 비판하는 대신 이 방법을 사용한다면, 상대방이 아닌 문제 자체에 집중하는 대화를 할 수 있다.

OTFD는 아이들이 감정을 상하게 했던 주제에 대해서 누구나 공감할 수 있게 말하는 것을 도와주기도 한다. "우리 이번 주에 영화 보기로 한 거 취소했잖아. 항상 약속해 놓고 네가 몇 시간 전에 취소하는

게 벌써 세 번째야." 이 과정에서 아이들은 자신이 관찰했던 바를 대화 안에 넣어서 그 사실을 상대방이 인식하길 바란다. "내 생각에 너는 별다른 일이 없을 때만 나랑 시간을 보내고 싶어 하는 것 같아." 이런 생각을 하면 기분이 상하기도 할 것이다. 생각 다음엔 기분을 전달한다. "나랑 만나기로 해 놓고 취소해서 속상했어. 그리고 짜증도 났어. 왜냐면 네가 취소할 거라는 걸 몰라서 다른 친구들이랑 약속도 못 잡았거든." 마지막으로 여기에 가장 강력한 부분인 바람을 덧붙이면 된다. "앞으로는 네가 일정을 잘 확인해 보고 지킬 수 있을 때 나랑 약속하면 좋겠어."

OTFD는 명확하게 상황을 정리하고 숨어 있는 문제까지 거론되게 해 더욱 효과적이다. 만약 아직 화가 나 있더라도 이 기법을 통해 좀 더 침착한 상황을 만들 수 있다. 문을 열었을 때 자신이 볼 수 있는 것이 자신이 가질 수 있는 것이다. 문제는 모든 사람들이 볼 수 있도록 정렬되어 있다. 상대방이 문제를 인지하고 있을 때 문제를 해결하는 것은 훨씬 수월해진다.

아이들은 이 과정을 통해서 자신의 바람을 전달하는 부분이 가장 중요하다는 것을 알게 된다. 자신이 원하는 바가 무엇인지 알았을 때가 인생에서 원하는 것을 받을 최고의 기회다.

슈퍼캠프에서는 아이들이 OTFD에 대해 어느 정도 파악했을 때 두 명씩 파트너가 되어 다른 상황을 연습한다. 친구가 약속한 시간보다 늦게 오거나, 중요한 얘길 하는데 친구가 듣고 있지 않는 상황 등을 설정해 연습한다. 이러한 것들이야말로 일상생활에서 쉽게 마주칠 수 있는 상황이다. 그리고 아이들은 OTFD를 고민이 있어 보이는 친구에게 활용할 수 있다는 것도 배운다. "너랑 많은 시간을 보내고 있어서 참 좋아. 그런데 요즘 네가 말수도 줄고, 혼자 멍하게 있는 거 같아. 너한테 걱정거리가 없다면 정말 다행이지만 뭔가 고민이 있는 것 같아 걱정돼. 무슨 일인지 나에게 말해 줄래?"

처음엔 OTFD가 우스꽝스럽게 느껴질 수도 있고 이 화법이 매번 통하는 것도 아니다. 하지만 그저 이런 방법을 알고 있는 것만으로도 십대들은 사회적 자신감을 극대화시킬 수 있다. 단순히 자신감을 가지고 대화를 하는 것만으로도 큰 변화를 이끌어 낼 수 있다.

이러한 과정은 OTFD가 상황을 얼마나 변화시킬 수 있는지 아이들에게 보여 준다. 슈퍼캠프의 환경은 아이들이 이 의사소통 기술에 익숙해지고 편안함을 느낄 때까지 연습할 수 있는 기회를 제공하고 그들을 지지해 준다. 한 번에 잘하지 못해도 괜찮다.

아이들은 부모에게 OTFD를 알려 준다. 부모들은 몇 번의 상황을 접하면서 이 기술의 가치를 알게 된다. 또 다른 응용 방법이 있다. 예를 들어 아이를 칭찬할 경우에 적용할 수 있다. "100점을 받은 네가 너무 자랑스러워"라는 말도 좋지만 "네가 완성도 있는 과제를 제출하기 위해 밤을 새는 노력을 하는 거 봤어(관찰). 생각해 보니 네가 정말 잘 하고 있는 거 같았어(생각). 그걸 보면서 네가 정말 자랑스럽더라(기분). 네가 이 결과를 이뤄낸 것에 대해서 네 자신을 자랑스러워했으면 좋겠다(바람)."

아이들은 내용을 정확히 인지하면 바람을 실천하는 빈도도 높아진다.

6. 사과의 기술: AAMR

아이들은 OTFD를 통해 당당해질 수 있는 동기를 얻는다. 이는 속상했던 마음을 위로받기 때문이다. 가끔은 그들이 상처를 주는 사람이 될 수 있다는 것도 알아야 한다. 긍정적 의도로 말하더라도 배운 것을 잊어버리거나 화가 나서 상처가 될 말을 할 수도 있다. 그런 상황에서는 이 사과의 기술이 상처받은 사람을 위로해 줄 수 있다.

한 아이가 망가진 MP3를 들고 친구에게 걸어간다.

"어, 너 나랑 똑같은 MP3가 있었네!"

"아니, 이거 사실 네 거야. 아까 네가 없어서 말도 없이 네 MP3를 썼는데 망가트렸어. 미안해."

많은 십대들이 이런 일을 겪어 봤을 것이다. 이런 일이 생겼을 때 기분이 어떨까? 친구가 사과를 했어도 화가 날 것이다.

우리는 때때로 일을 망쳐 버리기도 한다. 미안하다라는 한마디 말에 좋지 않은 감정이 다 사라지지 않을 때도 있다. 이런 상황에 놓이게 된다면 친구에게 진심을 다해서 사과하고 이 상황에 대해 어떤 책임이라도 질 마음을 가지고 그것을 표현해야 한다.

진정한 사과를 하기 위한 네 가지 단계가 있다.

사과의 기술 AAMR
- Acknowledge 인정하기
- Apologize 사과하기
- Make it right 바로잡기
- Recommit 다시 확인하기

첫 번째는 친구에게 자신이 무엇을 잘못했는지 알리는 것이다. "내가 네 허락 없이 MP3를 쓴 건 잘못했어." 그 다음에 진심으로 사과하고 자기가 한 일로 인해 친구가 느꼈을 기분을 이야기한다. "너의 물건을 함부로 해서 진심으로 미안해. 네가 나에게 얼마나 실망했을지 알아." 그리고 친구의 감정이 괜찮아졌다면 그 뒤에 손해를 어떻게 보상할지 제안해 일을 바로잡으면 된다. "내 잘못이니까 보상하고 싶어. 세 달 정도면 돈을 모아서 새 MP3를 너한테 사 줄 수 있을 거 같아." 그는 자기가 친구와의 신뢰를 망가트렸다고 생각했고 다시 확인하기 위해서 이렇게 말하는 것이 도움이 될 거라고 생각했다. "앞으로는 네 물건을 빌리기 전에 반드시 물어볼게."

만약 누군가의 물건을 망가트린 아이가 이렇게 사과를 했다면, 물건은 망가졌지만 그들의 관계는 유지될 수 있다. 이렇게 사과할 때 아이들은 상황이 악화되지 않고 서로 감정이 상하지 않는 것을 보면서 긍정적인 면들을 배운다. 피해자도 상대방이 잘못을 인정하고 앞으로는 다른 모습을 보이겠다고 다짐하는 데 계속 화가 나지는 않을 것이다. 이러한 사과 방법은 일회성 사건이 아닌 장기적인 사건에서도 효과가 있다.

스탠포드 대학교에서 진행하는 슈퍼캠프에 남매가 참여한 적이 있다. 사과 방법을 연습하는 시간에 그 남매의 오빠가 지원했다. "내가 항상 너한테 잘해 주지 못한다는 거 알고 있어. 또 그게 너한테 얼마나 상처가 됐을지도 알아. 미안해. 앞으로 더 나아지기 위해서 내가 어떻게 해야 할까?"

여동생은 몇 분간 오빠를 노려보았다. 아이들은 흥미진진하게 지켜보았다. 여기서 가족끼리 싸움이 벌어지는 건가? 그 순간 여동생의 눈에서 눈물이 흘렀다. "그냥 한 번 포옹해 주면 돼. 오빠가 그걸 알고 말해 줬다는 것만으로도 나아졌어."

자녀가 이렇게 사과한다고 생각해 보라. 아마도 안도감과 자녀에 대한 자랑스러움을 느낄 것이다. 그리고 어떠한 상황이든 아이가 진심으로 사과를 한다면 그 감정은 사라질 것이다. 진심 어린 사과는 커다란 감정의 힘을 갖고 있기 때문이다.

이러한 사과는 더 좋은 감정을 일으킬 만한 상황을 만든다. 하지만 십대들은 이런 사과의 표현을, "이것을 인지하는 게 뭐가 중요해? 너무 지나친 것은 아닐까"라고 생각할 수도 있다.

수백 명이 참석한 슈퍼캠프 졸업식의 무대에 선 한 아이가 아버지를 불렀다.

"사실 슈퍼캠프에 오기 싫었어요. 그동안 죽어라고 거부했죠. 아빠한테 소리치면서 화를 내기도 하고…… 아빠 잠시 일어나 주실래요?" 아들이 뭔가를 던질 걸 대비해 아버지는 팔짱을 끼고 일어났다. "아빠, 내가 슈퍼캠프에 오기까지 너무 힘들게 해서 미안해요. 사과할게요. 제가 틀렸어요. 이 캠프는 제 인생에서 최고의 경험이었어요. 제가 어떻게 해야 아빠를 힘들게 한 시간을 보상해 드릴 수 있을지 생각해 봤어요. 앞으로는 아빠가 하시는 말들을 열린 마음으로 받아들일게요."

아버지는 팔을 천천히 밑으로 떨어뜨렸다. 그의 눈에선 눈물이 흐르기 시작했다. 그들은 서로를 향해 걸어갔고 모든 사람들이 보는 앞에서 포옹했다. 그곳에 있는 모든 사람들이 눈물을 흘렸다.

 아이가 부모의 관점에서 보게 하라

저녁을 먹고 한두 시간쯤 지난 저녁이었다. 프로그램은 오전 7시부터 전속력으로 진행되고 있었다. 아이들은 열린 마음을 갖고 줄지어 들어왔다. 불빛은 차분했고 방 안은 조용했다. 부모와 자식 간의 사랑을 노

래한 부드러운 음악이 흘러나왔다.

오늘 밤 아이들은 자신의 인생에서 가장 중요한 관계에 대해서 탐구해 볼 것이다. 태어날 때부터 저절로 묶인, 그들의 보호자이기도 한 부모와의 관계에 대해서 말이다.

부모 이야기를 하기에 앞서 아이들은 부모와의 관계에 대해서 평가하게 된다. 우리는 아이들에게 두 가지 목록 — '내 부모는 이래서 좋다,' '내 부모는 이래서 싫다' — 을 만들게 한다. '좋다' 목록에는 보통 "나와 함께 시간을 보낸다, 숙제를 도와주고 내 이야기를 들어준다" 등이 적혀 있고, '좋지 않다' 목록에는 "내 말을 들으려 하지 않는다, 내 인생을 조정하려 한다, 나를 형제/자매와 비교한다" 등이 올라와 있다. 이 과정을 통해 아이들은 부모와 자신의 관계가 구분이 안 될 정도로 얽혀 있다고 느낀다. '나쁜 점만 있는 건 아니구나.' 몇몇 아이들은 그래도 나쁘다라고 생각하기도 하지만 말이다.

그 다음엔 아이들이 부모가 되어 보는 거다. 우리는 그들에게 눈을 감고 부모의 몸으로 들어간다고 상상하고 부모의 눈을 통해서 관찰해 보라고 한다. 그 다음 아이들에게 자신의 장단점을 써 보게 한다. 이 과정은 많은 아이들의 눈을 뜨게 한다. 아이들은 두 가지 목록에 공통된 항목이 있다는 것을 발견하기도 한다. 그리고 그들은 "아, 내가 원하는 거랑 부모님이 원하는 게 같구나"라고 깨닫는다.

대학생을 위한 슈퍼캠프(퀀텀-U프로그램)에 참석한 애나는 자신이 발견한 부모와의 관계에 대해서 이렇게 썼다.

"아버지 앞에서 종종 작아지는 나를 느낀다. 아버지는 나를 실수하지 않도록 보호해 줘야 하는 존재로 인식하는 것 같다. 또 아버지는 내가 삶을 개방적으로 계획하는 것에 반대한다. 왜냐하면 아버지는 더 이상 내 삶을 통제할 수 없을 거라고 생각하기 때문이다. 나는 아버지의 엄격한 통제 때문에 내 진정한 자아를 잃고 있는 것처럼 느꼈다. 사실대로 말하자면, 나에게는 미래에 대한 아무런 목표나 야망이 없었다. 부모님과 나의 관계를 되돌아봤을 때, 나는 내가 누군지에 대해서 부모님이 알 기회조차 주지 않았다. 나는 부모님에게 무엇이 문제인지에 대해 설명하기보다는 내 분노의 조각만 보여 주고 그들과 싸웠다. 부모님과 의사소통을 위한 노력을 하지 않은 것은 나의 잘못이다. 부모님이 나를 위해 항상 그 자리에 있다는 것을 나는 잊고 있었다."

깨달음이 마음속 한 구석에서 따끔거릴 때, 아이들은 마음속 깊은 곳으로 한 발짝 더 내딛을 수 있게 된다. 그들은 다시 눈을 감는다. 그리고 우리는 아이들에게 그들의 이야기를 들려준다.

네가 태어나기 전 너희 부모님의 모습을 머릿속에 그려 봐. 부모님들이 만나고 서로에 대해 알아가면서 행복해하고 즐거워하는 모습을 상상해 봐. 그리고 나서 부모님은 네가 올 준비가 되었다는 것을 알게 되었어. 흥분했겠지. 부모님은 널 위해서 옷을 사고 방을 꾸미고 초조해했어. 널 위해서 모든 걸 해 주고 싶었지. 그리고 네가 태어났어. 부모님은 널 품에

안아 집으로 데려왔고 매일 너를 바라보며 기뻐했지. 네가 자라는 것을 지켜봤어.

처음 학교 가는 날 널 손에서 떠나보냈지. 부모님은 너의 궁금증에 답을 해 주었고 네가 실천을 할 수 있도록 도와줬을 거야. 그러다가 문제가 생겼어, 그건 바로 네가 십대가 되었다는 거지. 이제 부모님의 격려가 잔소리로 들리고, 널 지켜봐 주는 게 널 통제하려는 것처럼 느껴졌지. 부모님은 혼란스러워지기 시작했어. 부모님은 해왔던 대로 했을 뿐인데 넌 이제 그걸 싫어해. 자 이제 요즘 부모님 모습을 떠올려 봐, 부모님은 여전히 너를 위해서 최고의 것을 해 주고 싶어 해, 왜냐면 부모님은 널 사랑하니까. 자 이제 부모님이 너에 대해 이해하지 못하고 실수했던 부분에 대해 용서하겠니? 부모님도 사춘기 아이를 대하는 것이 처음일 텐데……

이야기가 끝나자 아이들은 눈을 뜬다. 그러고 나서 방안에 펜과 종이가 있는 것을 발견한다. 이 시점에서 아이들은 표현하지 못했던 것들을 표현하고 싶어서 조바심을 낸다. 이 중에서 몇몇은 쉬는 시간에 집으로 전화를 걸기도 한다. 그래서 우리는 아이들이 부모님에게 편지를 써 보도록 권한다. 아이들은 부모와 나누고 싶은 이야기를 어떤 내용이든지 쓸 수 있다. 또 편지는 지극히 사적인 것이므로 그들이 보낼지 말지를 선택할 수 있다.

이 경험은 아이들이 다음 문장을 완성하게 되면서 마무리된다.

"내가 받아들일 수 있는 한 가지는 부모님이 누구를 위해서 그랬는지 알게 되었다는 거예요." 그들은 새로운 태도를 행동에 적용함으로써 변화한다.

한 어머니가 아들이 슈퍼캠프에서 돌아온 후 편지를 써서 보냈다.

"우리가 집에 도착하자마자 브라이언이 진지한 얘기를 할 수 있냐고 물었고 그날 새벽 한 시까지 이야기를 나누었습니다. 브라이언은 그 경험들이 얼마나 자신을 변화시켰는지에 대해 말했습니다. 그는 대화를 나누는 도중에 우리에게 '함께 있어 줘서' 고맙다는 말을 여러 번 했고, 사춘기라는 격정적인 감정 변화의 시간에도 자기 자신을 사랑하겠다고 이야기했습니다. 그리고 이것은 그의 인생에서 엄청난 전환점이 되었습니다."

많은 청소년들과 부모들은 슈퍼캠프를 통해 서로의 관점을 이해하려는 노력을 하게 되었다고 말하곤 한다.

- 부모가 먼저 자녀의 관점에서 보라. 아이는 부모가 자신을 이해해 준다고 생각하게 되고 마음의 문을 열게 된다. 즉 부모가 자신의 이야기에 공감해 주며, 자신을 지지해 준다고 여긴다. 이때 아이는 안정감을 느끼며 마음을 열어 깊은 대화를 나눌 수 있게 된다.

- 의사소통은 인간관계를 형성하는 데 핵심 요소라 할 수 있다. 의사소통을 잘하기 위해 다음과 같은 방법을 적용하면 좋다. (1) 우선 상대방의 말을 잘 경청해야 한다, (2) 친밀감을 높일 연결 고리를 만들어야 한다, (3) 긍정적인 의도로 말한다, (4) 명확한 핵심을 전달해야 한다, (5) 상대가 정확하게 문제를 인식하도록 전달하면 문제가 훨씬 쉽게 해결된다(OTFD), (6) 사과는 자신이 한 일에 대해 책임을 지는 과정이다(AAMR). 이 방법을 익히면 아이들은 친구나 형제간에 좋은 관계를 형성할 것이다. 또한 부모도 함께 적용한다면 가족 간의 의사소통이 잘 이루어질 것이다.

- 서로의 관점을 존중하고 그 입장에서 생각해 본다면 친구 혹은 가족 간의 관계는 더욱더 단단해지고 신뢰가 쌓일 것이다.

CHAPTER 3

자존감은 상처받은 감정을
긍정적인 힘으로 변화시킨다

학교에 간 디디의 아들이 분노에 차서 집으로 돌아왔다. 그는 성적 미달로 수영 팀에서 쫓겨났다. 그가 오후 훈련을 하기 위해 갔을 때, 교장 선생님이 수영 팀 모두가 보는 앞에서 큰 소리로 창피를 주고 바로 그 자리에서 탈퇴시켰다고 했다.

    디디는 아들이 받은 성적표를 들고 정말 성적 미달인지 따져 보았다. 그녀가 검토해 보니 아들의 평균 점수는 팀에 남을 수 있는 최소한의 점수를 약간 넘었다.

    디디는 학교에 항의했다. 학교는 재빨리 아들을 수영 팀에 복귀시켰지만 그 사건에 대해서는 일절 사과하지 않았다. 피해는 컸다. 밝고 활기차고 매사에 호기심을 갖고 있었던 아들이 우울하고 침울하고 소극적으로 변하기 시작했다.

　십대들의 세계에서는 실패와 거부를 거의 매일 겪는다. 우리는 아이들이 거부당하고 선입견에 의해 규정되거나 오해받는 일들을 오랫동안 들어왔다. 이러한 고통스러운 순간들은 그들에게 상처를 입히고 자신감을 저하시킨다.

　디디와 같은 부모들은 자녀가 거부당하고 실패를 겪음으로써 삶에 대한 열정을 빼앗기는 과정도 지켜보게 된다. 부모들은 감정적인 상처가 살아가면서 당연하게 겪는 일이라는 것을 알면서도 아이가 실패와 좌절감으로부터 자신의 꿈을 지킬 수 있는 방법을 가르쳐 주고 싶어 한다.

　한번은 모든 행동과 옷차림이 "난 이곳과 맞지 않아"라고 말하는 듯한 아이가 캠프에 왔다. 그는 모든 옷이 검은색이었고 검고 긴 머리

모양에 독특한 음악 취향을 지닌 아이였다. 몇몇 다른 아이들이 흘깃댔다. 그는 이방인이 된 느낌이 들었다. 결국 견딜 수 없을 정도가 되어 버린 그는 떠나도 되냐고 물었다. 우리는 그가 머물기를 바랐기 때문에 그와 오랜 시간 이야기를 나누었다. 하지만 그는 이미 떠나기로 마음먹은 상태였다.

그날 밤 그룹으로 모여서 이야기를 나누는 시간에 한 캠프 참가자가 일어나 자신이 거부당하고 남겨졌을 때 기분이 어떠했는지를 말했다. 이어서 그는 온통 검은색 옷을 입은 그 아이에게 자신과 다른 아이들이 본의 아니게 이방인처럼 느껴지게 한 것에 대해 사과했다. 덧붙여 그 아이에게 남아 달라고 했다. "우리 팀은 네가 필요해." 그 이후 대화는 더 깊게 이어졌다. 온통 검은색 옷을 입은 아이는 팀에 남았고, 캠프가 끝날 때쯤엔 그는 자신이 남길 잘했다고 생각했다.

무엇이 그가 거부당할 때 드는 감정을 극복하게 만들었을까? 그건 아마도 음침한 검은색 옷을 입고 특이한 음악을 좋아하더라도 누군가가 진정한 자기 모습을 인정해 주었음을 느꼈기 때문일 것이다.

우리는 아이들을 통해서 그들이 거부당하고, 선입견에 의해 규정되고, 또 실패하는 것이 엄청난 영향을 미친다는 것을 알게 되었다. 왜냐하면 자기 자신이 누군지에 대해서 알아가는 과정에 있는 그들은 이런 외부 요인을 크게 받아들이고 자신이 모든 것의 원인이라고 생각하는 경향이 있기 때문이다. "이번 수학 성적을 올리지 못했어, 아마 나는 입시에 실패할 거야." "데릭이 나보고 따분하대. 나 진짜 따분한 애인가 봐." "내가 제이미한테 놀자고 했는데 거절당했어, 아마 난 친구들이 싫어하는 아이인가 봐."

아이들에게 실패와 거부가 삶의 일부분이라는 걸 말해 줄 필요는 없다. 그들은 그것을 겪으면서 배우는 시기니까. 그들은 피할 길이 없다는 것을 알게 될 것이다. 하지만 아이들이 간과하는 사실은 이 과정과 경험들이 그들이 성공하기 위한 소중한 과정 가운데 하나라는 것이다.

 다른 사람의 시선에 맞출 필요는 없다

일반적으로 사람들은 상대방을 제대로 알기 전에 일부분만 보고 판단하고는 그 사람에 대해 단정 짓는다. 즉 어떤 인상 혹은 선입견이나 편견을 갖게 된다. 산만한 아이, 변덕쟁이, 썰렁한 아이 등등. 슈퍼캠프에서는 이를 꼬리표라 하는데, 슈퍼캠프 프로그램 중 하루는 나에게 주어진 꼬리표와 내가 남들에게 준 꼬리표에 대해서 생각해 보는 시간을 갖는다. 어른들이 그러하듯이 아이들도 매일 꼬리표를 달고 산다. 우리는 남들에게 아무 생각 없이 쉽게 꼬리표를 달아 준다. 예를 들어, 한 아이가 교실에서 우유를 쏟자 누군가 "쟤는 참 덜렁대는 애야" 하며 꼬리표를 단다. 가끔은 그 꼬리표가 사실이기도 하고 아닐 때도 있다.

꼬리표를 다는 것은 본래 나쁜 것 혹은 좋은 것이라고 할 만한 성질의 것이 아니다. 이는 우리가 파악하고 정의하고 상황에 따라서 반응하는 방법을 결정하기 위해서 분류해 놓은 것일 뿐이다. 사람들은 꼬리표를 달아 그 사람을 다루는 방법을 쉽게 알아낸다. 그러나 이 꼬리표가 우리의 일부분이 되어 나를 정의해 버리고 단정 짓기 시작하면 그때부터 문제가 되기 시작한다.

우리에게 달린 꼬리표가 우리 자체가 아니고 그저 꼬리표일 뿐이라고 인식하면 별 문제가 없다. 하지만 청소년들은 아직 자아를 형성해 가는 시기이기 때문에 자신의 실체와 꼬리표를 구분하기 어렵다. 아이들은 다른 사람들이 붙여 준 꼬리표를 그냥 인정하는 것이 자신을 표현하기 더 쉽다고 느끼기도 한다.

다른 사람이 붙여 준 꼬리표로 자신을 정의하게 되면 우리는 무기력해진다. 바깥에서 벌어지는 일들이 자신의 내면 모습까지 결정하게 한다. 다른 누군가가 달아 준 꼬리표가 그 사람에게 일어날 수 있는 가능성들과 복합성을 모두 반영할 수는 없다. 그런데 아이들은 자신에게 달린 꼬리표가 자신 그 자체라고 단정을 짓고는 자기를 그 꼬리표에 맞추려고 한다. 아이들은 자신이 누구인지 혹은 자신이 할 수 있는 게 무엇인지를 남들이 붙여 준 꼬리표 안에서 한정지어 생각한다.

 아이들은 거부당하는 것을 두려워한다

"저는 수줍음이 많고 사람들이 다가오기 어려운 아이였어요." 캠프 참가자 루시가 자신에 대해 얘기했다. "저는 그런 제가 싫었어요. 어색하게 대화를 시도하는 내 모습이 싫었고, 나에 대한 다른 사람의 의견을 무서워하는 제 모습도 싫었어요." 루시는 거부당하는 것이 싫어서 수줍은 성격을 견뎌내고 사람들에게 말을 걸기 시작한 계기를 팀원들에게 이야기했다. 거부당하는 것은 아이들에게 큰 상처가 되는 일이라서 그들은 거부당하지 않으려고 갖은 방법을 쓴다. 하지만 그로 인해 더 좋은 기회들을 놓친다.

아이들은 자신이 괜찮다는 것을 무척 확인하고 싶어 한다. 그래서 거부당했을 때 자신의 전부가 거부당한 것으로 생각하게 된다. 예를 들어 아이들이 주위 사람들에게 "있는 그대로의 내 모습을 받아 줄래요?"라고 물어봤을 때 부정적인 답변을 듣는다면 그들은 온 세상이 "아니"라고 거부하는 것으로 여긴다.

십대들은 거부당하는 것이 두려워서 감당할 수 있는 상황도 피하곤 한다. 아이들이 학교에서 친구를 사귀는 것을 상상해 보라. 전학을 간 한 여학생은 몇몇 여자 아이들과 어울리기 시작했다. 그러다가 그녀는 문득 그 아이들이 학교에서 인기가 많다는 것을 알았고, 그들이 자기를 수준이 안 맞는다고 거부할까 봐 두려워하기 시작했다. 그래서 그녀는 그 아이들을 피하기 시작했다. 그 아이들은 그녀가 자신들을 안 좋아한다는 느낌을 받았고 그녀에게 다가가기 위한 노력을 더 이상 하지 않았다. 이러한 경우, 거부당하는 것에 대한 두려움이 결국 자신을 거부당하게 하는 결과를 만들었다.

 아이는 자아와 실패를 분리해 생각하기 힘들다

자신의 정체성에 대해서 고민하는 청소년기의 아이들은 종종 자신의 실패를 내면화한다. "실패했어"라고 말하기보다는 실패가 자신의 일부분인 것마냥 "나는 패배자야"라고 한다. 수학 시험에서 낮은 점수를 받으면 "난 수학을 못하는 사람이야," 학교 연극에서 맡은 배역에 대사가 거의 없다면 "난 연기하는 것에 소질이 없나 봐"라고 받아들인다. 아이들은 또 다른 실패에 대한 두려움 때문에 다시 도전하기보다는 스스로 단념한다.

어떤 실패든지, 이를 외부에서 바라보는 시선과 아이들의 내면에서 바라보는 것에는 큰 차이가 있다. 외부적 효과는 사실 미미하다. "내 여자 친구가 날 찼어," "과학 성적이 잘 안 나왔어," "운동 팀에 못 들어갔어"처럼 일회적으로 일어난 일일 뿐이고 반짝하고 사라진다. 하지만 내부에서 생기는 문제는 잔물결처럼 계속 유지되다가 점점 커져 다른 부분에도 영향을 미친다. "그녀는 내가 비호감인가 봐," "난 이름도 모르는 대학에 갈 거야," "난 절대 운동 선수가 될 수 없을 거야" 등등 이렇게 말이다.

만약 우리가 아이들의 인생을 비디오테이프처럼 되감기할 수 있다면, 그들이 실패를 알기 전인 15년 전쯤으로 돌아가 보자. 그들이 유아기였을 때 세상은 그들의 실험실이었고 실패는 수많은 실험들 중 하나였다. 실패는 그들이 무엇은 적용되고 무엇은 적용되지 않는지를 배우는 한 방법이었다. 십대가 될 때까지 내면화를 습득하지 못했던 그들이 십대가 되자 결과에 자아를 결부시켰다. 이제 그들의 실험은 세상이 어떻게 돌아가는지를 알아가는 기회가 아니라 그 안에 어떻게 나를 맞출까라는 것에 초점을 맞춘다. 그들은 자신에게 일어나는 모든 일들에서 자신이 누구인지에 대한 힌트를 찾으려는 것 같다. 그래서 자신의 자아와 실패를 분리해 생각하는 게 십대에겐 힘든 일일 수밖에 없다. 그래서 아이들은 "나 실패했어"가 아니라 "난 패배자야"라고 생각하게 되는 것이다.

일어난 일을 어떻게 바라볼지 자신이 선택할 수 있다

청소년들이 겪는 선입견에 의해 규정되는 것, 거부당하는 것, 실패하는 것을 받아들이는 때의 공통점은 뭘까? 이것들은 모두 외부적인 일인데 십대들은 내면화하려 한다는 것이다. 아이들은 어떤 일을 겪으면 이것을 자신들의 성향으로 판단한다. 하지만 고통은 그 일에서 오는 것이 아니라 그들이 이를 바라보는 태도에서 온다.

아이들이 일어난 일을 바라보는 태도는 중요하다. 아이들은 고통스러운 일들을 겪으면서 이 상황이나 다른 사람들이 나에 대해 어떻게 생각하는지 등은 자신이 통제할 수 있는 일이 아니라는 점을 알게 된다. 하지만 이 점을 기억해야 한다. 아이들은 그 일에 대해서 어떻게 생각할지를 선택하고 통제할 수 있다.

이를 깨닫는 순간, 엄청난 일이 생긴다. 어떤 일이 일어나더라도 자신이 대단히 좋은 일로 바꿀 수 있다는 걸 발견한다. "이건 내 기회야. 나는 이 힘든 과정을 견뎌내고 상황을 뒤집을 수 있어!"

아이들이 자신과 그 일을 분리해 보면 그것에 대해 생각하는 방식이 좀 더 자연스러워진다. "나이기 때문에 그 일이 일어난 게 아니야. 나는 그 일과 분리되어 있어"라고 생각할 수 있다. 자기가 그 일의 피해자라는 수동적인 자세에서 벗어나서 그것이 자신에게 어떤 영향을 줄 수 있는지에 대해 생각해 보고 책임을 지고 견뎌 나가면, 빛이 그들의 내면을 밝혀 줄 것이다. 그 빛은 그들이 거부당하거나 실패하거나 선입견에 의해 규정되더라도 털고 일어날 수 있는 힘이 되어 줄 것이다.

자기 자신을 알 때
다른 사람의 시선을 의식하지 않는다

슈퍼캠프에서의 여섯 번째 밤 아이들은 자신에게 붙은 꼬리표(인상, 선입견, 편견 등) 때문에 경험한 일에 대해 이야기를 나누었다. 그들은 다른 사람들이 붙여 준 꼬리표 중에서도 자기가 유지하는 꼬리표에 대해 말했다. 그들은 자기가 왜 그 꼬리표를 유지하는지에 대해 탐구해 봤다. 그 꼬리표가 어떤 장점이 있어서? 그 꼬리표가 무언가를 가려주나? 그 꼬리표를 유지하는 것에 대한 대가가 있나?

"여러분의 진정한 속모습과 꼬리표는 일치하나요? 지금 여러분의 모습을 어떻게 소개하고 싶나요? 꼬리표 붙은 대로? 아니면 다른 모습으로?" 아이들은 자신의 자아와 꼬리표를 분리해서 생각해 보는 시간을 갖게 된다. 그러고 나서 아이들은 자신에게 선택할 권리가 있다는 것을 깨닫는다. 그들은 자신에게 붙는 꼬리표를 가지고 갈 수도 있고, 그것을 떼어 낼 수도 있다.

한번은 '방해꾼'이라는 꼬리표를 가진 아이가 캠프에 참가했다. 그는 어딜 가나 행동으로 그 꼬리표를 보여 주고 다녔다. 그는 그룹 주위를 배회하면서 방해를 했다. 다른 아이들은 그의 그런 태도를 안 좋아한다고 명확하게 얘기하면서도 그를 구성원으로 받아들였다. 그는 자기 자신이 원래 그런 태도를 지닌 게 아니었다는 걸 알게 됐다. 캠프가 끝나갈 무렵에는 그는 그룹의 가장자리가 아니라 중심에 앉기 시작했다. 그는 '방해꾼'이라는 꼬리표는 반복되어 익숙한 것이었지 원래 자신이 좋아하는 것이 아님을 알게 되었다. 그는 자신이 사람들과 어울리는 방법을 잘 몰랐을 뿐이며, 사람들에게 도움이 되는 자신의 모습을 더 좋아한다는 것을 알게 되었다. 여전히 그는 태도가 제일 좋은 학생은 아니지만, 한 걸음씩 도전해 사람들과 상호작용하게 되었다. 그는 자신의 진정한 모습을 받아들이고 '방해꾼'이라는 꼬리표를 떼어 낼 수 있었다.

십대들은 자신이 어떠한 사람이라는 걸 받아들이게 되면 스스로 꼬리표를 떼어 낼 능력을 가지고 있다는 것을 발견한다. 가끔 꼬리표에 대한 프로그램이 끝난 후 아이들은 우리에게 와서 "왜 아무도 나한테 붙여진 꼬리표처럼 살지 않아도 된다고 말해주지 않았을까요?"라고 묻고는 한다.

우리에겐 남들이 붙여 주는 꼬리표를 못 붙이게 할 능력은 없다. 하지만 우리는 그 꼬리표를 달지 아니면 뗄지 결정할 수 있다. 우리는 그 꼬리표가 정해 주는 대로 살 필요는 없다.

꼬리표 프로그램이 이루어지는 동안, 아이들은 꼬리표가 주는 좋지 않은 영향에서 도망칠 수 있는 방법을 찾아낸다. 또한 다른 사람들의 꼬리표를 놓아 주는 방법도 배운다. 이 시점에서 아이들은 원으로 둘러앉는다. 이때 강사가 질문을 한다. "둘러앉아 있는 사람 중에서 음식을 제일 잘 흘릴 것 같은 사람을 지목해 봐." 그리고 힙합 음악을 제일 좋아할 것 같은 사람, 가장 어린 나이에 결혼할 것 같은 사람, 친구가 제일 많을 것 같은 사람, 성적이 제일 안 좋을 것 같은 사람 등을 지목하게 된다.

"너희들은 방금 이 원에서 주변 사람들이 지목했던 것에 대해 전적으로 동의하니? 서로 다른 사람을 지목하진 않았니?" 아이들은 인상이라는 건 사람마다 다르게 느낀다는 것을 깨달았다. 그것은 임의적인 것일 뿐이다.

아이들은 단정 지어 판단을 하는 것이 어떠한 기분인지 경험을 통해 알고 있었다. 그들은 자신에 대해 단정 짓는 것을 받아들이는 게 어떤 느낌인지도 알고 있었다. 이러한 의견들을 나누면서, 그들도 가끔은 다른 사람에 대한 판단을 아무 생각 없이, 혹은 아무 정보 없이 결정한다는 것을 발견했다.

젠은 꼬리표에 관한 수업이 자신에 대해 생각할 시간을 만들어 주었다고 적었다. 그녀는 상대에게 꼬리표를 다는 것이 아무런 해가 없어 보이고 재미있을 수 있지만 그 사람에 대한 편견을 오래도록 가질 수도 있다고 생각했다. 그녀는 사람들을 더 존중하고 싶어 꼬리표를 다는 것을 그만 둔다고 하였다.

"다른 사람에게 꼬리표를 다는 거 말고 무엇을 할 수 있을까?" 한 번은 아이들이 꼬리표를 다는 것이 타인과 자신에게 미치는 영향에 대해서 생각해 본 뒤 이 질문에 대한 답을 고민하기 시작했다.

아이들이 내린 답은 이렇다. 상대가 어떤 사람인지 알기 위해 그 사람을 더 자세히 알아가는 것에 힘쓴다. 그래야 상대에게 꼬리표와 그를 판단하는 일을 할지를 결정할 수 있다. 반면 스스로가 자신이 진짜 어떤 사람인지에 대해서 인지하게 되었을 때, 그들은 자신의 꼬리표를 떼어 낼 수 있다.

 상처받지 않을 선택권이 나에게 있다

100명의 아이들이 방 안에 앉아 있다. 검은 옷을 입은 어른이 방 안을 돌면서 모든 사람에게 이렇게 말한다. "넌 이상한 이름을 가지고 있으니까 내가 널 거부할 거야. 넌 키가 너무 크니까 너무 이상해. 내가 널 거부할 거야. 네 옷은 촌스러워. 나랑은 어울리지 않는 거 같아. 난 널 거부할 거야." 확실히 하기 위해서 거부하는 사람은 거부당하는 아이들에게 검은 종이를 건넨다.

어떤 아이들은 온순하게 받아들이고, 어떤 아이들은 피식 웃으며 넘긴다. 그렇게 거부하는 사람의 검은 종이들은 아이들 손에 쌓여가고 거부의 내용들은 점점 난이도가 높아지며, 아이들은 이 상황극에 점점 몰입하기 시작한다. 그러다가 어느 순간, 참을 수 없는 지경에 이른다. 그러다가 결국엔 누군가가 거부한다. "난 그런 애가 아니야!" 아이들은 더 이상의 거부를 참을 수 없었던 것이다.

이 일이 일어나면서 방 안의 에너지가 바뀐다. 모두가 이 변화를 느낀다. 아이들은 자기에게 건네지는 거부 종이를 받길 그만둔다. 그러면 마법 같은 일이 일어난다. 그들은 '난 이걸 안 받아도 돼! 선택권은 나에게 있었어!'라고 깨닫는다.

한번은 슈퍼캠프의 장학금 제도를 통해 참가한 아이가 있었다. 어머니는 감옥에 있었고 그는 살아가면서 아버지라는 존재에 대해 안 적이 없었다. 그는 거부하는 사람의 검은 종이를 거부한 첫 번째 사람이었다. 그는 그 종이를 받지 않기로 선택한 것이다. 그는 이 상황극의 검은 종이를 주는 사람과 학교에서 자신의 모습이 같았다고 말했다. 그는 돌아다니면서 모두를 깔아뭉개고 마음에서 밀어냈던 것이다. 그날 밤 그는 다시는 그러지 않겠다고 생각했다.

사람들을 거부하는 데는 다 다른 이유가 있을 것이다. 캠프에서 아이들은 부정적인 의견을 긍정적인 방향으로 돌리는 것을 배울 수 있다. 그리고 거부한 사람의 그 거부가 실제 사실과 다를 때는 우선 자기 자신에게 정말 문제가 있는지 생각해 봐야 한다. 한편 거부의 검은 종이를 받아들이기보다는 거부하는 사람에게 무슨 문제가 있는 것은 아닌지도 가정해 봐야 한다. "아 쟤 오늘 아침에 침대에서 떨어졌나? 엄청 까칠하네." 혹은 "누가 쟤한테 못되게 굴었나 봐." 또는 "강아지가 죽어서 스트레스 많이 받나 봐." 이런 식으로 문제의 원인을 그 사람에게서 찾는 것이 더 합당한 경우도 많다. 그리고 그렇게 하는 것이 자기 자신에게도 상처를 덜 주는 방법이다.

 실패는 성공하기 위한 과정이다

실패는 성공으로 이끈다. 캠프 참가자들은 우리에게 보내는 편지에서 8가지 성공의 열쇠 가운데 무엇보다도 이 열쇠를 가장 많이 언급한다. 이 열쇠는 인생을 변화시킨다. 이 열쇠가 제시하는 것은 분명하고 명확하다. 성공은 실패를 하지 않는 것이 아니다. 성공하기까지 실패하면서 배우는 것들이 바로 자신이 얻는 것이다. 도전을 하고 실패할 때마다 값진 정보를 얻게 되는 것이다. 성공하기 위해 필요한 것에 대해서 이제 하나 더 알게 된 것이다. 실패를 우리가 무능력하다는 증거로 보기보다는 성공의 필수 요소로 보는 것이 더 도움이 된다.

우리가 그러한 능력이 있다는 것을 알았을 때의 기분은 짜릿하다. 십대들이 자신의 능력에 대해서 깨닫고 자신의 삶을 운영할 수 있다고 믿게 되는 과정을 지켜보는 것은 정말 기분 좋은 일이다. 아이들의 태도가 바뀌고, 표정이 바뀐다. 그들 안에서 뿜어져 나오는 자신감을 볼 수 있다.

아이들은 이 습관에 대해서 알았을 때 거부당하는 것이나 선입견에 의해 규정되는 것을 탐구했을 때보다 더 인상 깊게 받아들인다. 이는 이 습관이 힘들었던 지난 일들을 극복할 수 있는 계기를 만들어 주기 때문이다. 감정적으로 힘든 일에 직면했을 때, 그들은 그 일에 상처받아 자신이 불행한 사람이라며 감정에 파묻혀 지내든지 혹은 새로운 일에 적용시킬 수 있는 경험이 하나 생겼다고 생각할지를 결정할 수 있다.

성적 미달로 축구팀에 쫓겨났을 때는 성적을 올릴 수 있는 공부법을 찾아야 한다. 데이트를 거절당했다면 그 원인을 찾아보고 친구 중 이성에게 인기 많은 아이를 찾아가 비법을 배우기도 해야 한다. 학교 연극부 오디션에서 합격 연락을 받지 못했다면 감독의 연락처를 알아내서 다음 오디션을 위해 자신이 무엇을 준비해야 하는지 물어봐야 한다.

아이들은 실패에 대한 반응을 다음과 같은 좋은 습관을 통해 가질 수 있다. "내가 계획한 일들이 잘 풀리지 않을 때, 다음에 결과를 바꿀 수 있는 행동이 무엇인지 생각해 보고 내가 할 수 있는 최선을 다해 본다."

 자기 인식이 분명해야 한다

실패하고 거부당하고 선입견에 의해 아이가 상처를 받는다면 이는 아이가 그러한 것들이 자신이라고 생각하기 때문이다. 하지만 다른 선택을 할 수 있다. "난 내가 어떤 사람인지 알아. 난 패배자가 아니고, 나에 대한 선입견이 날 대변하지 않고, 난 거부당하는 것을 거부하는 선택을 할 수 있어."

아이들은 자기 인식이 분명할수록 일이 잘못되었을 때 자신을 탓하는 경우가 적다. 이런 훈련이 된 아이들은 남들이 갖는 선입견 대신 자신의 정체성을 지키려 한다. 이들은 거부 앞에서도 균형을 지킬 수 있다. 또 실패는 더 나아갈 수 있는 기회라는 것을 정확히 알고 있다.

한 슈퍼캠프 졸업생은 진정한 자신의 모습을 받아들인 후 삶의 방향이 바뀌었다고 말한다.

"나는 모든 사람들이 나를 좋아하지 않는다고 생각하고 부정적인 태도로 살아왔는데, 이것을 바꿀 수 있는 힘을 가진 사람은 바로 나라는 것을 깨달았다. 그것을 알게 되자 모든 것이 새로워졌다. 사실 나는 부끄러움도 많고 사람들과 소통하는 것을 두려워하는 사람이었다. 지금은 내가 하는 모든 일들이나 선택에 대해서 책임감을 느낀다. 난 내 자신에게 '내가 원하는 삶을 살 수 있어'라고 말하곤 한다."

- 인상, 선입견, 편견 등은 그 사람의 전체를 보고 판단한 것이 아니라 극히 일부만 보고 갖는 생각이다. 이러한 다른 사람의 생각에 자신의 삶을 맞춘다면 진정한 자아를 찾기 힘들다.

- 인간관계에서 거부당하는 것에 대한 두려움이 결국 자신을 거부당하게 만들 수도 있다. 자신을 탓하거나 위축되지 말고 좀 더 적극적으로 상대방에게 다가가야 한다. 이러한 인간관계로 인해 상처를 받는다면, 우선 그 문제의 원인을 여러 각도에서 생각해 봐야 한다. 상대방의 문제인지 자신의 문제인지, 혹은 그 밖의 다른 여건 때문인지 등등. 문제의 원인을 제대로 파악하고 거기에 맞게 태도를 취할 때 자신이 상처를 받지 않을 수 있다.

- 청소년기는 실패와 자아를 구별하기 어려워하는 때다. 실패는 경험의 일부이지 자기 자체가 실패한 것이 아니라는 점을 인식해야 한다. 실패를 성공을 위한 하나의 디딤돌이라 여기고 패배자라는 생각에서 벗어나야 한다.

- 벌어진 일을 어떻게 받아들이는가는 자신의 생각과 태도에 달려 있다. 그 문제를 자신에게 지나치게 반영해 부정적으로 생각하기보다는 긍정적으로 대처해 나가는 것이 좋다.

- 자신의 삶은 상황에 의해 결정되는 것이 아니라 자신의 선택에 의해 결정된다. 아이들은 스스로 좋은 선택을 할 수 있다. 아이에게 선택의 기회를 제공하라. 이 과정에서 부모는 전적으로 지지하고 있음을 아이가 느끼도록 해야 한다.

CHAPTER 4

자신에 대한 신뢰는 부정적인 자기 이미지를 떨쳐 내게 한다

메디가 중학교 1학년 때 영어 선생님은 그녀에게 머리가 나쁘다고 말했다. 선생님은 메디의 난독증을 이해하려고 하기는커녕 반 아이들 앞에서 그녀의 맞춤법이 엉망이라고 했다. 좀 더 수준이 높은 반의 수업을 들을 만한 실력이 있음에도 불구하고 선생님은 그녀가 그 반에 어울리지 않는다고 생각했다. 학기가 끝날 무렵, 선생님은 메디에게 그녀가 받아 본 점수 중에 가장 낮은 점수를 주었다.
　그 뒤로 메디의 자존감은 무너져 버렸다. 다른 과목 점수도 현저히 떨어지기 시작했고 사회적 활동도 위축되었다. 결국 그녀는 학교, 친구 그리고 활동에 대한 열정도 잃었다.

부모들은 청소년기에 들어선 자녀가 자신만의 동굴로 들어가는 것에 놀란다. 동굴로 틀어박히기 전 아이들은 열정적이고 활발했던 때가 있었다. 어떤 부모들은 자녀가 부끄러움을 많이 타거나 소극적인 면이 걸림돌이 되어 더 많은 경험을 하지 못할까 봐 걱정하기도 한다. 그런가 하면 어떤 아이들은 자기 이미지를 유지하는 일에 관심이 있기 때문에 동굴 속으로 숨지는 않는다. 그런 아이들은 혼자 보내는 시간이 거의 없을 정도로 터프한 친구, 잘 노는 친구, 혹은 인기가 많은 친구들과 주로 어울린다. 자존감이 낮은 아이들은 자기 의지와는 상관없이 또래 친구들의 강압에 굴복해 따돌리기, 흡연, 좀도둑질 등을 하기도 한다. 그러한 아이들은 어떠한 행동이 평범한 행동인지 확인하고 그들을 두려워해 따르거나, 조금이라도 눈에 띄는 행동은 피한다. "평범해야 해,

절대 튀면 안 돼."

이러한 행동의 공통점은 회피하기다. 아이들은 물러서거나, 확인하기, 이미지 뒤에 숨든지 간에 무엇이 옳은지 알 때조차도 자신들이 타협하기 싫은 대상을 피해 숨는다. 그러나 타협하기 싫은 대상은 결국 바로 자기 자신이다.

이 문제의 핵심은 자기 자신에 대한 부정적인 이미지다. 자신감이 사라지는 것이다. 변화무쌍한 상황 혹은 어떤 일 때문에 그런 자신에 대한 부정적 생각을 갖게 될 수 있다. 그리고 자신의 진짜 모습을 내보이길 두려워하는데, 심지어 부모에게조차 그 모습을 보이기 두려워한다. 그만큼 자신이 괜찮은 사람이라는 것을 믿지 못하는 것이다.

모두가 살면서 이러한 모습을 겪게 된다. 대부분의 경우 이는 일회성에 그치거나, 통과의례처럼 겪게 되는 일이다. 하지만 사춘기가 되면 이것은 악순환이 된다. 이 시기는 청소년들에게 해로운 영향을 줄 수 있는 것들이 잠재되어 있는 때다. 이는 부모에게도 두려운 일이다.

 완벽하지 않다는 것은 좋지 않다는 것이 아니다

때때로 아이들은 자신의 정체성과 자신을 세상에 드러내는 방식을 생각하다가 스스로가 완벽해야 한다는 무의식적 신념에 갇혀 있었음을 깨닫는다. 그들은 자신이 이분법적인 생각을 하고 있었다는 것을 발견

한다. 예쁘단 소릴 들을 만큼이 아니면 못생긴 것이라 판단하고, 너무 뚱뚱하거나 너무 말라서 맞는 옷이 없으면 자신이 가치가 없다고 여긴다. 그들은 항상 좋아 보여야 했고 그렇지 않으면 반에서 '패배자'라고 불렸을 것이다.

아이들이 항상 완벽해야 한다는 강박관념에 사로잡혀 있는 것은 두려움 때문이다. 아이들은 또래들이 자신들의 결점으로 자신들을 판단할까 봐 혹은 단정을 지을까 봐 두려워한다.

완벽함이 아이들에게 주는 기회 비용은 무엇일까? 사람들은 '완벽'이란 길을 택하면서 자신이 덜 완벽해 보이는 상황을 피하게 된다. 아이들은 처음 무엇을 배울 때는 당연히 익숙지 않으니 완벽하지 않아 보일 수 있다는 사실을 잊는다. 그리고 완벽하지 않은 모습을 보이는 것은 멋지지 못하다고 여겨 새로운 것에 대한 시도를 포기하고 피해 버린다.

핵심은 완벽에 대한 강박관념 때문에 십대들은 자신에게 기회를 주지 않고, 자신의 진짜 모습과는 상관없는 것들에 집중한다는 것이다. 그들의 내면에 있는 특별하고 복잡하며 멋진 사람은 평가받는 두려움 때문에 성장할 여러 기회를 놓치고 있는 것이다.

 사람은 저마다 다르다

"넌 왜 그렇게 특이하니?"

이것은 아이들이 자기 모습을 드러낼 때 제일 많이 듣는 말이다. 그들은 자기 자신에게 솔직해지고 자기 관심사를 찾아가는 일이 눈에 띄는 일이라는 걸 느끼지 못 할 수 있다. 가끔 그들은 남들이 가지 않는 방향으로 갈 수도 있다. 이것이 바로 개성 있는, 특색 있는 것이다. 하지만 청소년 세계에서는 눈에 띄는 것이 부정적인 효과를 낼 수 있다.

모든 문화에는 순응해야 하는 규칙이 있다. 사회학자라면 아마도 사람들이 합의된 행동 규범을 유지하기 위해서는 어느 정도 억압이 필요하다고 주장할 것이다. 그러나 그것이 사람들을 억누를 수도 있다. 러시아에서는 특출한 사람이나 자기 성향을 많이 드러내는 사람에게 "튀지 마!"라고 한다. 우리가 러시아에서 처음 슈퍼캠프를 진행했을 때, 많은 학부모들이 감격에 차서 찾아왔다. 아이들이 깊이 있게 배워 나가는 것을 보면서 감동받았고, 서로를 '뛰어난 사람tall poppy'이라고 부르는 것에 대해서도 더 이상 이상하게 생각하지 않았다.

던칸이라는 중국 학생은 캠프에서 항상 창의적 질문을 했고, 무언가를 발견했고, 명확한 태도를 유지했다. 하지만 그는 우리에게 자신의 문화에서는 그런 태도를 격려하는 분위기가 아니었다는 내용의 편지를 보내왔다. 학교 친구들은 던칸이 특이하다고 생각했고 시간이 흐를수록 그는 위축되었다.

던칸은 다행스럽게도 슈퍼캠프에서 진행된 프로그램들을 통해 배운 것들을 자신의 삶에 적용해 스스로의 개성을 받아들였다. 이제 그는 놀라운 일들을 해내고 있다. 그는 물리학, 생태학, 춤 그리고 여러 가지 언어를 구사할 줄 알며, 그런 그만의 능력을 다른 사람들에게 도움이 되는 일에 사용하고 있다.

청소년들은 억압할수록 각 개인이 지닌 특성이 사라진다는 것을 깨닫지 못한다. 결과적으로 아이들은 자신을 자신답게 만들어 주는 취미, 취향, 열정 등을 더 이상 따르지 않는다. 그들은 자신의 특별한 관점이나 스타일을 발전시키지 못한다. 이러한 순응에는 또 다른 단점이 있다. 그것은 서로가 가진 다양성의 가치를 보고 배울 수 없다는 것이다.

 자존감으로 자신의 개성을 발전시켜라

던칸은 중국 가족의 문화와 전통을 배우며 자랐다. 이는 그가 홍콩에 있는 중국 학교에서 배웠던 것들만큼 중요했다. 그가 배운 것들은 그에게 순응을 강요했다. 유별나게 굴지 마라. 모두가 하는 걸 해라. 절대 튀지 마라.

그는 이러한 틀에서 나오고 싶었다. 열네 살 때 그는 중대한 결정을 했고, 학교 계단에 '나의 새로운 발명품'이라는 제목을 붙인 기이한 도안을 그렸다. 그는 이상한 눈빛으로 바라보는 친구들의 시선을 견뎌야 했다. 그들은 튀는 행동을 하는 그를 좋아하지 않았다. 답만을 요구하는 사회에서 던칸은 질문을 한 것이나 마찬가지였다. 선생님은 던칸이 그날의 주제와는 상관없는 질문을 한다고 생각해 어떤 질문도 하지 말라고 했다.

서서히 던칸은 자신의 생각과 질문을 표현하는 데 위축되기 시작했다. 그는 자신의 논리와 선택에 대해서 의문을 가졌다. 그는 스스로에게 견해를 유지하고 준수하는 것이 옳은 일이라고 되새겼다. 하지만 그가 자신을 억누를수록, 자신에 대한 애정이 사라졌다.

던칸의 부모는 던칸과 같은 아이들에게 힘이 되는 미국의 교육 프로그램이 있다는 것을 들었다. 슈퍼캠프가 아이들에게 강한 자존감을 심어 주고 성적 향상에 도움을 준다는 것을 듣고 그들은 던칸을 캠프에 참여시켰다.

대부분의 캠프 참가자들처럼, 자신이 없었던 던칸은 점차적으로 자신감이 있는 모습으로 변하기 시작했다. 처음에 그는 역동적인 교육 과정과 참가자들의 다양한 문화적 배경 때문에 두려워했다. 전통적인 중국 학교에서는 그에게 평범해지라고 가르쳤지만, 이 캠프에서는 그러한 교육 방법을 찾을 수 없었다. 그는 사람이 교육에 따라 달라질 수 있다고 느꼈다. 캠프의 교육 방법과 프로그램들을 체험하면서 그는 생각과 문화의 다양성의 중요함을 느꼈다. 그리고 자기 자신에게 자신만의 모습을 유지할 힘이 있다는 것을 깨달았다.

이제는 어떠한 사회적 관습도 던칸이 그다운 멋진 삶을 사는 것을 막을 수 없다. 그는 계속해서 다양성을 경험하기 위해 홍콩에 있는 국제 학교로 전학을 갔다. 그는 학업 목표를 성취했고, 여름엔 인턴십도 하기로 했고, 몇 가지 경로를 정해서 여행도 가기로 결정했다.

그리고 6년이 지난 지금, 던칸은 환경학과 중국학을 공부하고 있고, 보스턴에 있는 한 대학에서 춤을 배우기도 했다. 그는 어머니에게 자신이 꾸는 다른 꿈을 위해서 1년을 휴학하겠다고 말했다. 중국에 가서 중국의 환경과 문화를 직접 접해 보고 그것들을 결합해서 사람들을 도울 수 있는 일을 해보고 싶기 때문이라고 했다. 어머니는 기꺼이 허락했다.

그는 지금 중국인들에게 환경을 해치지 않고 풍족해지는 방법에 대해 가르치고 있다. 특이한 신념을 지키는 것에 대해서 그는 편하게 생각하게 되었다. 그가 이러한 행동에 대한 뚜렷한 목적의식이 있었기 때문이다.

진정한 자아를 드러내야
자신의 삶을 올바르게 살 수 있다

아이들은 가끔 자신의 실제 모습을 드러내는 위험을 감수하기보다는 가면 뒤에 숨어 있기를 택한다. 그들은 자신에 대한 확신이 없거나 자신이 약하다고 느껴질 때, 자신의 진짜 감정이나 생각, 정체성을 나타내기보다는 가면 뒤로 자신을 숨기는 것이 더 낫다고 느낀다. 그것은 가면에 대한 비난을 감수하는 것이 자기 자신에 대한 비난을 감수하는 것보다 쉽다고 생각하기 때문이다.

아이들 가운데 일부는 부모 앞에서는 가면을 쓰고 있어야 된다고 생각한다. 그들은 부모에게 매우 의연한 아이, 인정받기 위해 의무를 다하는 딸, 혹은 유명 대학에 갈 만한 인재와 같은 가면을 쓴다.

아이들은 가면의 성격에 따라 행동할 때, 이 가면이 꼬리표 달기와 비슷하다는 것을 알게 된다. 모두가 하나 이상을 가지고 있으며, 자신들의 진짜 모습은 조금 혹은 전혀 드러내지 않아도 된다. 그리고 자신만의 개성과 특별함을 저 밑에 넣어 둔다. 하지만 분명한 차이점도 있다. 꼬리표는 남들이 우리에게 붙인 것이고, 가면은 우리 스스로가 쓴 것이다.

아이들에게는 가면을 쓰는 것이 매우 매력적으로 느껴질 수 있다. 자신조차도 자기를 잘 모르는 상황에서 진실한 내 모습으로 보이기 위해 노력하는 것은 두렵고 혼란스러울 것이다. 가면 뒤로 숨는 것은 오히려 편하고 안전하다. 하지만 치명적인 단점이 있다. 만약 너무 오랫동안 가면을 써서 가면 뒤 진짜 내 모습을 잊게 된다면?

슈퍼캠프 참가자의 한 어머니는 우리에게 아들이 그동안 가면에 얼마나 얽매여 왔는지 깨달았다며 편지를 보냈다. "아들은 엄마 아빠도 자신의 진짜 모습을 모를 거라며 너무 오랫동안 가면 뒤에 숨어 있어서 이제 자신도 진정한 자아를 모르겠다고 말했어요."

이와 같이 완벽해야 한다는 강박관념에 사로잡혀 있거나, (사회적) 관습에 순응한 결과 사람들은 자신을 가면에 숨김으로써 자신만의 개성을 키울 기회를 잃어버리게 된다. 더욱 상황을 악화시키는 경우는 진짜 열정에 의해 달려가는 것이 아니라 가면을 기준으로 자신의 일을 선택하는 것이다. 그런 선택은 자신의 삶을 잘못된 방향으로 이끈다.

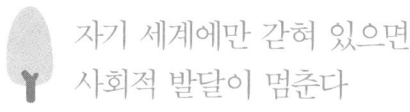
자기 세계에만 갇혀 있으면 사회적 발달이 멈춘다

슈퍼캠프 졸업생인 애슐리는 5학년 때 반 친구와 얘기하며 웃고 있었다. 그때 누군가가 친구들 앞에서 그녀에게 "넌 웃는 게 바보 같아"라고 말했다. 이 일은 그녀가 변하게 된 계기가 되었다. 그녀는 웃는 것에 대해 강박증을 가지게 되었다. 이를 피해 책에 몰두하다 보니, 그녀는 친구들이 따분해 하는 공부벌레가 되었다. 우정도 시들어 갔고, 그녀의 세계는 더 작아졌다. 그녀는 스스로에게 책을 통해서라면 어디든 갈 수 있다며 받아들이는 척 했다. 하지만 그 가짜 세계에서는 그녀가 자신을 성장시키거나 새로운 자아를 발견하지 못했다. 그녀는 점점 사람들의 눈을 피했고 홀로 남겨진 것 같은 기분이 들었다.

시간이 지나면서 애슐리는 책은 훌륭하지만, 숨을 만한 곳이 되기엔 형편없다는 것을 느꼈다. 사회적 발달이 멈춘 아이가 "난 그냥 책을 읽는 것을 좋아할 뿐이야"라고 말하는 것은, 과식한 사람이 "난 그냥 먹는 것을 좋아할 뿐이야"라고 말하는 것과 같다.

책벌레인 자녀를 가진 부모는 처음엔 칭찬을 해 주었지만 간혹 그 세계에 갇혀 아이들이 손댈 수 없을 만큼 사회와 멀어질까 봐 걱정하곤 한다. 만약 그들이 책 뒤에 숨어서 나오지 않으면 어떡하지? 부모들은 자녀가 사회적 발달 기회를 놓치는 것을 보면서 그들이 사회에 적응하기 힘들게 될까 봐 걱정한다.

이렇게 숨어 있는 아이들은 사회적, 학문적으로 발전할 수 있는 많은 기회들을 놓친다. 아이들이 또래와 소통하지 않는 순간부터, 그들은 사회적 능력을 잃게 되는 것이다. 그들이 혼자 있는 것을 즐기고 익숙해질수록, 그들은 자기 의견을 주장하고 표현하는 습관에서 멀어진다. 게다가 그들은 자기를 지지해 줄 네트워크를 구축하는 일도 놓친다. 만약 그들에게 친구가 없다면, 누가 그들에게 진짜 모습 그대로도 괜찮은 사람이라고 말해 주겠는가.

 자기 삶에 대한 선택권은 자신이 갖고 있다

부정적인 자기 이미지를 만드는 것은 내면의 일이다. 자신을 형편없는 이미지로 생각하는 일(예를 들어 완벽에 대한 집착, 가면 쓰기, 책 뒤에 숨기, 따분한 아이)은 모두 자기가 자초한 것이다. 그것은 자신에게 너무 가혹하다. 그러한 것들은 시간이 흐를수록 되돌리기 어려워진다.

캠프 참가자들이 느끼는 놀라운 것 중 하나는 그들은 언제나 자신의 생각과 방향성을 선택할 수 있다는 점이다. 자신이 어떠한 방법으로 자아를 감추고 있는지 이해하게 되면, 아이들은 이러한 행동을 선택한 것도 결국 자신임을 깨닫는다. 그렇지만 가면 뒤에 숨기로 결정했다면, 가면을 언제 벗을지 결정할 수 있는 것도 자신뿐이다. 이 모든 상황을 선택할 수 있는 권한은 자신에게 있다.

부정적인 자기 이미지에 대한 사항들을 문제가 아닌 선택이라는 관점에서 본다면 이는 매우 달라진다. 우리 캠프의 상담사이자 자동차 경주가 취미인 돈 넬슨은 이 상황을 커브를 돌 때 사고가 제일 많이 나는 것에 비유했다. 많은 아마추어 레이서들은 커브를 돌 때 그 지점에서 부딪히지 않는 것에 초점을 둔다. 그러면 어떻게 될까? 그들은 곧바로 부딪히고 만다. 경험 많은 레이서들은 커브 지점을 지날 때 그보다 더 멀리 보고 운전한다. 부모나 자녀가 자신의 모습이 제일 큰 문제점이라고 인식한다면, 그들은 무의식 중에 이를 더 신경 쓰게 되고 어느새 이는 삶을 뒤덮을 만큼 커져 버리고 말 것이다.

아이들이 자기 이미지가 다루기 어려운 문제라고 생각하는 것을 멈출 때 이를 다룰 수 있게 된다. 즉 선택하게 된다. 그것을 크고 무서운 장애물이라고 보는 대신에 깊이 생각하고 탐구해야 하는 것이라 생각한다면 자신이 원하는 어떤 것으로도 바꿀 수 있다.

자기 삶에 대한 선택권이 자신에게 있다는 것을 깨닫게 되면 아이들은 스스로에게 일어나는 일 중에 우연한 일은 없다는 것도 알게 된다. 모든 것은 선택에 대한 결과다. 과거의 선택을 고민하기보다는 지금 그들 앞에 있는 선택해야 하는 일들에 집중해야 한다.

자기 자신을 의심하게 되는 상황은 누구나 겪는 평범한 일이다. 그것은 삶의 일부분이기도 하고 모든 청소년들의 미래에 더 많이 나타날 상황이기도 하다. 하지만 이제 그들은 그러한 일들에 어떻게 반응할지 선택할 수 있다는 사실을 인지하고 있다. 그들은 가면 뒤로 숨을 수도 있고, 그러지 않을 수도 있다. 순응할 수도 있고 눈에 띄는 행동을 할 수도 있다. 그들은 물러설 수도 있고, 더 뛰어들 수도 있다.

선택할 수 있는 힘은 자존감이 생기면 자연스럽게 따라온다. 선택은 엄청난 힘을 가지고 있다. 자기 인생을 조정하는 것은 활기를 불어넣는 일이다. 아이들이 삶이라는 도로 위를 달리는 차의 운전석에 앉은 사람이 자신이라는 것을 깨달았을 때, 그들의 태도가 어떻게 변하는지 볼 수 있을 것이다. 그들은 시야를 확보하기 위해서 허리를 펴고, 머리는 꼿꼿하게 세우고 있을 것이다. 그들은 자신의 주장을 새로워진 목소리로 강력하게 얘기할 것이다. 이것이 우리가 살면서 봐야 할 아이들의 변화 중 하나다.

 자신의 내면을 들여다보라

아이들이 자기 가면에 점점 익숙해지면 그들은 자신과 주변 사람들이 가면을 어떻게 이용하는지 발견한다. 우리는 하루에도 몇 번씩 다른 역할들을 하곤 한다. 우리는 우리가 무엇을 하는지 누구와 상호작용을 하고 있는지에 따라서 다른 가면을 쓴다. 자연스럽게 십대들도 친구들과 어울릴 때 쓰는 가면과 할머니 앞에서 쓰는 가면이 다르다. 이는 아이들이 선생님을 대할 때의 태도로 자신의 형제들을 대하지 않는 것과 같은 이치다. 가면을 어떻게 이용하느냐에 따라 그것은 인간

관계에 도움이 되기도 하고 방해가 되기도 한다.

여러분의 가면은 무엇인가? 여러분은 가면을 쓰고 있나?

"방에 세 명이나 네 명 이상의 사람들이 있을 때 전 항상 조용해지는 가면을 써요." 한 아이가 자진해서 얘길 꺼냈다. "하지만 단짝 친구와 저 단둘이 있을 때면 전 말이 많아져요."

아이들은 자신의 가면이 어떠한 영향을 끼치는지 생각해 봤다. 가면이 도움이 되는 경우다.

"'어리지만 책임감 있는 리더' 가면은 여름 슈퍼캠프에 참가할 수 있게 해 줬어요."

"저는 반 친구 누구든 웃음거리로 만들지 않아요. '정의로운 가면'을 쓸 때마다 애들이 내게 친구 험담을 하지 않기 시작했어요."

그렇다면 가면이 자기 삶을 방해하는 경우는? 대가는 무엇일까? 가면이 감추는 것은 무엇인가?

"저는 친구들과 놀 때 조용하고 내성적인 가면을 쓰기 때문에 친구들과 어울려 노는 것이 재밌게 느껴지지 않아요."

"저는 거친 사람처럼 행동해서, 다른 사람들이 내 감정이 상한 것을 눈치채지 못하게 해요."

"'어리지만 책임감 있는 리더' 가면은 마치 가짜처럼 느껴질 때가 있어요. 저는 그 가면을 부모님을 감동시키기 위해서 쓰는 거 같아요. 저는 부모님이 제가 쓴 가면이 아니라 제 자신의 모습일 때 감동 받으셨으면 좋겠어요."

이런 과정에서 가장 중요한 것은 아이들이 답을 하기 위해서 자신의 내면을 들여다본다는 것이다. 누가 말해 준다고 얻을 수 있는 답변이 아니다. 마법 같은 깨달음의 순간은 내면에서부터 온다.

 지지받는 힘은 강력하다

닉과 어머니는 진학 문제로 입학을 지망한 사립 고등학교의 교장 선생님과 상담했다. 그는 닉의 어머니를 바라보면서 닉이 이 학교에 들어올 수 있을 만큼 똑똑한 아이가 아닌 것 같다고 말했다.

그들이 이런 이야기를 듣는 것이 처음은 아니었다. 중학교에 진학할 때도 아들에게 너무 큰 기대를 하지 말라고 했다. 덧붙여 닉을 위해선 공립 학교에 보내 그가 할 수 있는 만큼을 하는 것이 더 좋은 방법이라고 권했다.

중요한 것은, 사립 고등학교 교장도 그녀에게 같은 이야기를 했다는 것이다. 닉이 첫 번째 시험에서 떨어지자, 그녀는 시험을 또 치르기를 원했다. 교장은 그 이유를 납득하지 못했는데, 닉이 시험을 통과하더라도 졸업을 하기는 어려워 보였기 때문이다. 교장은 닉이 직업 학교를 가는 것이 그의 성공을 위해서는 좋은 기회라고 생각했다.

다행히 합격한 닉은 1학년을 잘 보냈지만, 부모는 걱정하기 시작했다. 그는 시험에 통과하기는 했지만 중학교 때와 마찬가지로 성적은 낙제점에 가까웠다. 슈퍼캠프에 대해 들은 부모는 닉이 거기에 가야 한다고 생각했다. 그들은 닉에게 캠프에서 적합한 학습법을 배울 수 있을 거라고 얘기했다.

처음에 닉은 캠프에 대해서 두려움을 느꼈다. 그곳에는 각지에서 온 아이들이 많이 있었다. 그는 자신이 똑똑하지 않고 학년을 겨우 끝마쳤다는 것을 아이들이 알게 될까 봐 대화 나누기를 꺼렸다.

그가 식당에서 점심을 먹고 있었는데, 팀 리더인 '버디'라고 불리는 스태프가 다가왔다. 버디는 같이 앉아도 되는지 물었다. 그는 닉에게 TV 시트콤 〈심슨 가족〉에 대해서 어떻게 생각하냐고 물었다. 그들은 같이 이야기를 나눴다. 닉은 웃었고 버디는 자리를 뜨기 전에 닉에게 자신의 보스턴 크림 파이를 권했다.

닉은 버디와의 대화를 통해서 자신이 받아들여졌다고 느꼈다. 유대감이 형성된 것이다. 점심을 먹고 슈퍼캠프 교실로 들어갔을 때 그는 뭔가 달라졌다고 생각했다. 모두가 자신을 '깔아뭉개는 것'이 아니라 지지해 주려는 것처럼 느껴졌다.

이후 닉은 학업을 잘 성취하고 사립 고등학교를 졸업했다. 대학에 간 닉은 슈퍼캠프에 스태프로 지원했다. 그는 "내가 너무나 큰 도움을 받았기 때문에 그 도움을 돌려주고 싶다"고 했다. 4년이 지나고 닉은 당당히 대학을 졸업했다.

닉은 자신이 형편없다고 느끼던 시절, 기분을 좋게 하기 위해 마약을 복용하거나 갱에 가입해서 소속감을 얻고 싶었던 적이 있었다고 얘기했다. 그러다가 그는 자신의 영혼이 점점 추악한 세계로 떨어지고 있으며 결국엔 감옥에 가게 될 수도 있다는 것을 깨달았다.

그는 슈퍼캠프에서 지지받는 것의 힘이 얼마나 강한지 느꼈고 목표도 가졌다. 그는 중학교와 고등학교에서 강연을 하는 대중 연설가가 되었다. 멍청하다는 소리 듣거나 꿈을 크게 가지지 말라는 소리 듣는 아이들에게 그는 이렇게 말해 주고 싶다. "사람들은 희망이 주는 교훈에 귀 기울여야 합니다. 주변에 많은 것들이 당신을 포기하고 좌절하게 만들려고 할 것입니다. 그러나 당신은 이 상황들을 더 나아지게 만들 희망을 가져야 합니다. 매일 새로운 현실이 다가옵니다. 아이들은 희망이 준 교훈을 강화시켜야 합니다."

닉은 여전히 스태프 버디와 친구다. 그는 닉의 꿈을 가능하게 만들어 준 친구기도 하다.

아이는 자기 이미지에 대해 두려워한다: FIMAGE

만약 우리가 사람들이, 특히 아이들이 왜 가면을 쓰는지를 한 단어로 정의한다면 FIMAGE가 될 것이다. FIMAGE란 'Fear of Image,' 즉 '(자기) 이미지에 대한 두려움'의 약자다. 아이들이 이미지를 만들어 내기 위해서 뭘 하는지 보려고 멀리 갈 필요도 없다. 아이들의 옷, 음악, 언어, 태도, 헤어스타일, 취미, 심지어는 친구들을 선택하는 것에서도 볼 수 있다. 왜 사람들은 이미지를 갖고 있는 것일까? 그들 스스로 좋아 보이기 위해서다. 그들은 자신을 멋져 보이지 않게 만드는 것들을 피하고 이미지에 좋지 않은 것들 역시 피한다. 그들은 자신의 이미지에 손상이 가는 것을 두려워한다. 그것이 바로 FIMAGE다.

슈퍼캠프 졸업생 사라 새뮤얼은 이렇게 적었다. "당신이 이미지에 대해서 두려움을 가지고 있다면, 그것은 어떠한 행동에 대해 다른 사람이 어떻게 볼지 두려워하기 때문에 불편함을 느끼는 것이다. 당신은 자신의 모습에 대해 확신이 없고 항상 걱정하고 있을 것이다."

십대들은 자기 이미지에 대한 두려움을 깊게 생각해 볼수록 중요한 깨달음을 얻는다. 아이들은 자기 이미지를 유지하지 못한 경우 어떻게 될까 봐 지속적으로 두려워한다. 만약 그들이 새로운 시도를 해 보고 싶다면, 또 안 해 본 일에 도전하고 자신의 진짜 모습이 어떤 모습인지 찾으려 한다면 자기 이미지를 놓아 버려야 한다.

캠프 참가자 도미니크 드로슈는 우리에게 이렇게 말했다. "처음엔 이미지에 대한 두려움을 떨쳐 내기가 어려웠어요. 하지만 그것을 떨쳐 내고서는 기분이 좋아졌죠. 그리고 지금은 사람들이 저를 바라보는 시선에 대해 강박을 느끼지 않아요. 전 자유로움을 느껴요."

슈퍼캠프 프로그램 중에는 아이들이 또래 앞에서 우스운 행동을 함으로써 이미지에 대한 두려움을 떨쳐 낼 수 있게 하는 내용도 있다. 재미있으면서 엄청난 에너지를 쓰는 게임인데, 웃긴 표정을 짓고 말도 안 되는 소리도 하고 카펫에서 몸을 굴리거나 소리를 지르는 것이다. 우리 모두 멀쩡해 보이진 않는다. 그리고 그게 핵심이다! 그들은 누군가를 방해하는 것이 아니라면 재미있고 이상해 보이는 행동들을 하더라도 아무런 일도 일어나지 않는다는 걸 체험으로 배운다. 우리는 아이들을 극도의 상태로 몰고 가는데, 그들은 이 상황을 자신의 정도에 맞게 조절할 수 있다. 끝날 때쯤, 아이들은 이미지를 신경 쓰느라 두려워하는 일을 내려놓았을 때, 평가받지 않았고, 무리에서 소외당하지도 않았으며 사실 엄청 재미있는 일이었다고 느꼈다.

아이들은 이제 이미지에 대한 두려움으로 가려져 있던 삶에 대한 열정을 가지고 이야기한다.

"이미지에 대한 두려움을 떨쳐 내면 인생이 훨씬 멋져질 수 있는데, 그건 그동안 다른 사람이 어떻게 나를 생각할지 불안해하던 걸 떨쳐 냈기 때문이에요…… 당신을 내보이고 사람들이 가면을 쓰지 않은 당신 모습을 보게 하세요. 난 나만의 스타일을 만들어 냈고, 다른 사람들 앞에서 나의 모습으로 행동하고 이야기하는 게 두렵지 않아요. 그렇다고 내가 이상한 행동을 하려는 건 아니에요. 난 날 조절할 수 있어요." (브레 스타인바스)

"모든 걸 떨쳐 내고 '새로운 아이'가 되는 것은 엄청 기분 좋은 일이에요. 사람들은 생각보다 날 판단하지 않아요." (조 듀건)

"이건 마치 100kg쯤 되는 쌀부대를 어깨에서 내려놓은 기분이에요! 나무에 묶여 있던 걸 풀고 진정한 자유를 맛본 느낌이랄까!" (제임스 오노키)

"나는 처음으로 내가 누구인지 보여 줄 수 있었어요. 정말 신나는 일이에요." (조던 월튼)

No! Fimage! 아이들은 큰소리로 자신에게 외친다. No! Fimage! No! Fimage!

 **자존감과 용기는
진정한 자신을 드러낼 수 있게 한다**

캘리포니아에서 진행된 슈퍼캠프의 아홉 번째 밤, 120명의 아이들이 기다림에 지쳐 조용히 무대 위를 바라보고 있었다. 무대의 가장자리에는 닝이라는 여자 아이가 오빠의 손을 잡고는 겁에 질려 있었다. 그녀는 오빠의 손을 놓고 멘토의 손을 잡았다.

"깊게 숨쉬어." 멘토가 말했다. 닝은 숨을 깊게 들이쉬었다. 멘토가 그녀에게 속삭였다. "이제 온전히 네 거야."

그녀는 멘토의 손을 놓고 무대 한가운데로 걸어 나갔지만 두려웠다. 숨을 깊게 마신 그녀는 이야기를 시작했다.

"나는 닝이라고 해. 내가 인생에서 가장 중요하다고 생각하는 것은 내가 누구인지 아는 것이야. 앞으로 내 자신에게 솔직해지고, 진실한 내 모습을 사람들에게 보이며 사는 것으로 증명할 거야."

닝은 계속 떨다가 손을 뻗어 쓰고 있던 가발을 벗었다. 머리털이 다 빠져 벗어진 머리가 드러났다. "이게 진정한 내 모습이야."

그녀는 7년 동안 희귀 피부병인 독두병으로 고생해 왔다. 육체적인 아름다움을 중시하는 세상에서 이 질병은 자존감에 치명적인 타격을 주었다.

닝은 가발을 손에 쥔 채 눈물을 흘리며 자신의 자리로 돌아갔다. 그녀를 둘러싼 캠프 참가자들 사이에서는 침묵이 흘렀다. 그러다 갑자기 폭발하는 듯한 함성이 그녀를 지지했다. 그들은 있는 그대로의 그녀를 받아들이고 그녀가 보여 준 용기에 감탄했다. 그녀의 눈에는 눈물이, 그녀의 입가에는 미소가 가득했다.

그녀의 멘토는 삶에서 가장 가치 있는 순간이라고 할 수 있는 "누군가가 엄청난 용기를 내는 걸 느꼈을 때나 다른 사람을 위해 친절을 베풀었을 때, 가슴이 벅차오를 거다"라고 했다.

닝이 자기 이미지에 대한 두려움, 즉 FIMAGE를 떨쳐 냄으로써 아이들에게 진정한 의미의 아름다움을 알게 해 주었다.

 도전하는 삶은 흥분 그 자체다

안전지대라는 개념을 들어 본 적이 있을 것이다. 이는 우리가 살아가면서 대부분의 시간을 보내는 곳이기도 하다. 캠프 참가자들은 안전지대 안이 어떤지에 대해서 묘사했다. 아이들이 묘사한 안전지대는 안전하고 편안하지만 그 안에만 있어야 한다면 곧 지루해지는 곳이다.

"안전지대 안의 삶이 지루하다면, 어디로 가야 삶이 즐거워질까?"

안전지대 밖!

안전지대에 대해서 탐구한 뒤, 그들은 안전지대가 제일 안정적인 공간이지만 그곳에선 새로운 배움이나 더 이상의 성장은 없음을 깨닫는다. 안전지대 밖이야말로 그들이 위험을 감수하거나 새로운 사람들을 만나고 즐거움을 누리고 배울 수 있는 공간이다.

가면을 쓰거나 자기 세계에 갇혀 있거나 순응하거나 이미지에 대한 두려움을 안고 사는 것은 모두 안전지대에 머무르는 행동이다. 새로운 배움에 대한 즐거움을 제공하는 도전지대는 아이들의 모험 정신을 자극한다. 그들은 지루함 속에 있지 않을 것이다. 도전하는 삶은 흥분 그 자체다.

십대들은 안전지대 밖이 어떤지 잘 알고 있다. 모두 그곳에 있어 봤기 때문이다. 그리고 그것을 긍정적으로 바꾸는 경험을 해 보았다. 인라인 스케이트나 스키를 처음 타 봤을 때 혹은 노래방에 처음 가 봤을 때를 생각해 보자. 아이들은 그 순간들이 편안하지 않았고, 어색했고, 심지어 두려움도 있었다는 것을 기억해 냈다. 그러나 이는 모험을 시도했을 때 몰려 온 것들이다.

도전지대와 안전지대가 다르다는 것을 안 캠프 참가자들은 자신이 이 엄청난 경험을 하지 않는 길을 선택한다면 뒤에 숨어 있거나, 무존재의 이미지로 살거나, 아니면 따분하게 살아야 한다는 것을 이해했다. 아이들은 이를 원치 않는다. 이때 아이들은 모험을 하고 싶다면 자신이 어떻게 보이는지에 대해 포기해야 된다는 것도 깨달았다.

아이들은 이 문제를 생각해 본 뒤 도전지대를 안전지대로 만드는 것을 직접 체험해 보고 싶어 했다. 아이들이 각 팀으로 이동하는 동안 친근하고 매우 신나는 음악을 트는 것이 우리의 관례다. 이 활동은 팀워크를 다져 주고 열정을 북돋워 준다. 아이들은 이러한 기회를 통해 방식에 구애받지 않고 자신만의 춤을 추며 이동한다. 누군가에게는 이것이 처음일 것이며, 온전히 자신이 되는 시간일 것이다.

 **'바로 지금' 할 일에 집중하라**

안전지대 밖으로 발을 내딛는 것은 현재 일어나는 일이 위험하든 어떻든 간에 온전히 그 순간을 잡는 것이다. 우리가 "바로 지금이야!This Is It!"라고 말하는 성공의 열쇠는 항상 현재를 인식하고 그 순간에 최선을 다하는 습관이다.

　이 습관은 십대들이 안전지대를 벗어나는 여행을 하는 데 도움을 준다. 왜냐하면 이는 삶이 무엇을 가져다주든지 그 순간을 받아들이도록 하기 때문이다. 비록 바라지 않던 일이라도 말이다. 예를 들면 수학을 좋아하지 않아도 수학 시간에는 영어 숙제를 하지 않고 수학을 배우려 최선을 다하는 것이다. 어른의 경우 회의 시간에 핸드폰으로 문자 메시지를 보지 않고 회의에 집중하는 것이다. 이는 '바로 지금' 할 일에 집중하는 습관이다. 아이들이 이 습관을 기르면 지금이 더욱 즐거워질 것이다. 그들은 그 순간에 완전히 몰입했을 때 더 활기차고 생생하며 강해지고 지금 하고 있는 것을 즐기며 더 잘하게 된다. 어느 십대가 말했듯이, 어떤 순간에 몰입한다는 것은 마치 삶이라는 수레를 바퀴가 빠질 정도로 신나고 열정적으로 타는 것과 같다.

슈퍼캠프 졸업생 그레이슨은 이 '바로 지금' 습관에서 많은 힘을 받았다고 썼다. "저는 부끄러워하지 않는 힘을 얻었습니다. 저를 위한 열쇠는 '바로 지금!'이었습니다. 뒤처지지 않고 하루하루를 마지막인 것처럼 산다면 제 인생은 꽉 채워질 것입니다."

 청소년기는 자아 정체성을 확립하는 시기다

한번은 터프가이가 되는 것이 최고의 관심사인 열일곱 살짜리 아이가 캠프에 참여한 적이 있다. 그는 UFC(이종 종합격투기 대회) 훈련생이었다고 말했다. 그는 모두에게 자신의 발목이 뒤로 접히는 걸 보여 주면서 그것이 싸움의 흔적으로 남겨진 부상이라고 했다. 하지만 캠프에서는 터프가이 너머에 있는 그 자신으로 대하는 환경을 제공했고, 그는 그렇게 시간을 보냈다. 캠프가 진행되면서 그는 가면을 벗었다.

어느 날 밤 그는 음악에 관심이 있다고 조심스레 말했다. 그는 기타를 연주하면서 자신의 감정을 표현했다. 캠프가 끝나갈 무렵 그는 'Emo'(감정emotinal의 줄임말)라고 쓰인 이름표를 달았다. 그는 "터프가이 뒤에 숨겨져 있던 내가 찾은 나예요"라고 했다.

십대들은 자기 이미지에 대한 두려움에서 벗어나고 자신의 가면 뒤에서 나올 때 자신감에 대해 알게 된다. 즉 자신감은 가면 뒤에 있던 자신을 알게 되면서 생긴다. 아이들은 진짜 자신의 모습에 대해 탐구하면서 엄청난 발견을 한다. 사실 자신이 꽤 멋지다는 것이다. 아이들은 자신을 좋아하게 되고 자신에게 의지할 수 있게 된다. 그리고 곧 그들은 다른 사람들도 자신을 좋아하고 의지하는 모습을 보게 된다. 그러면서 그들은 가면을 쓰지 않고 삶을 살아갈 용기를 얻는다.

아이들은 자아 정체성을 찾아가면서 깊은 질문에 대한 답을 찾으려고 노력한다. 예를 들면 나와 가장 친한 친구 세 명은 누구이고 왜 친할까? 또는 최근 내가 한 일 가운데 가장 자랑스러운 일은 무얼까? 사람들이 나의 어떠한 면을 알아야 날 더 잘 이해해 줄 수 있을까? 이러한 질문들은 그들로 하여금 자신에 대해 잘 알 수 있도록 도와준다. 그것은 평생 동안 그들이 찾아야 하는 질문이기도 하다. 그것은 작은 성공들을 쌓아서 크게 만드는 것이기도 하고, 그들을 특별하게 만들어 주는 감정이나 꿈 혹은 열정을 찾아서 축하해 주는 일이기도 하며, 누군가와 사랑에 빠지는 일이기도 하다. 이러한 과정을 통해서 스스로에게 질문을 할 것이고, 단점들이 엄청난 장점으로 변할 수도 있다.

5학년 때 웃음이 바보 같다는 소리를 들은 애슐리는, 캠프에서 자신도 모르게 큰 소리로 웃은 적이 있다. 그녀는 곧 주변을 의식해 원래 습관대로 자신이 바보같이 보였을까 봐 걱정했다. 하지만 그때만큼은 아무도 그녀를 놀리지 않았다. 사실 그날 밤 하루에 느낀 것을 나누는 시간에 누군가 애슐리의 웃음은 그녀를 좋아하게 만드는 부분이라고 말하기까지 했다. 이는 그녀를 특별하게 만들었다. 사실 자신을 지지하는 사람들이 주위에 많다면 스스로에게 좋지 않은 감정을 갖기는 어렵다.

모든 아이들은 훌륭하게 될 가능성을 갖고 있다. 다른 사람들이 그것을 인정해 주고, 그들 스스로 훌륭하게 될 가능성을 발견했을 때는 엄청난 일이 벌어진다.

- 아이들은 완벽에 대한 강박관념 때문에 자신에게 기회를 주지 않고, 자신과는 상관없는 것들에 집중한다. 다른 사람들에게 좋지 않은 평가를 받을까 봐 두려워하는 것이다. 이 두려움 때문에 성장할 여러 기회를 놓치고 있으므로 있는 그대로 도전할 수 있게 아이를 격려해야 한다.

- 획일화된 가치관이나 관습 등에 자신을 무리하게 맞추다 보면 자아 실현을 하기 힘들다. 각자 자신의 특성에 맞게 자신의 삶을 선택해야 한다. 부모는 아이가 지닌 개성을 스스로 키워나갈 수 있도록 지지해 주어야 한다.

- 아이가 자신의 모습에 자신이 없어 스스로 가면 뒤에 숨을 때가 있다. 하지만 그것은 정말 위험한 일이다. 진정한 자아를 잃어버릴 수 있다. 아이가 좀 더 자신감을 갖고 실제 자신의 모습을 드러낼 수 있게 해야 한다.

- 아이가 스스로 합리화하여 자신의 세계에 갇혀 버리는 경우가 있다. 이는 아이의 사회적 발달을 멈추게 한다. 청소년기는 특히 또래와의 소통 및 관계 형성이 중요한 시기다. 아이가 어떤 일로 상처받았는지 혹은 무엇을 두려워하는지 등을 생각해 볼 수 있는 기회를 만들어 주어 스스로 고립된 세계에서 벗어날 수 있도록 해야 한다.

- 자기 삶에 대한 선택권이 자신에게 있음을 아는 것이 중요하다. 이를 깨닫는 순간 자신에게 일어난 일 중에 우연한 일은 없다는 것도 알게 된다. 선택할 수 있는 힘은 자존감이 생기면 자연스럽게 따라온다. 아이가 스스로 자존감을 갖고 자신의 일을 선택할 수 있게 하라.

- 부모가 먼저 이미지에 대한 두려움에서 자유롭게 행동하는 것을 보여 준다면(NO! FIMAGE) 아이들은 좀 더 빨리 용기를 낼 수 있다.

- 도전하지 않는 삶은 무미건조하다. 도전이야말로 자신을 성장시킬 수 있는 원동력이다. 도전을 두려워하지 말고 자신의 삶에 뛰어들게 하라.

- 우리는 과거도 미래도 아닌 바로 지금 살고 있다. '바로 지금' 할 일에 집중한다면 현재가 더 즐거워질 것이다. 이 '바로 지금이야!This Is It!'라는 성공의 열쇠는 항상 현재를 인식하고 그 순간에 최선을 다하는 습관이다. 현재에 충실한 습관을 가진 아이는 과거에도 그랬고 미래에도 멋진 삶을 가질 것이다.

- 모든 아이들은 훌륭하게 될 가능성을 갖고 있다. 다른 사람들이 그것을 인정해 주고, 스스로 훌륭하게 될 가능성을 발견했을 때 아이는 큰 변화를 일으킨다. 특히 부모에게 지지를 받을 때 아이는 자신의 잠재력을 마음껏 발휘한다.

CHAPTER 5

변화를 두려워하지 말고
유연하게 받아들여라

찰리의 어머니 레지나는 찰리가 아버지의 빈자리를 채우기 위해 힘든 시간을 보내고 있다는 것을 알게 되었다. 찰리의 아버지는 아들과 삶을 함께하고 싶었지만 군인의 의무를 다하기 위해 세계를 돌아다녀야 했다. 그래서 몇 달씩 집을 비울 수밖에 없었다.

그러던 어느 날 오후, 군인들이 집으로 찾아왔다. 그들은 찰리의 아버지가 헬리콥터 사고로 운명했다고 전했다. 그 사건은 찰리의 기억에서 지울 수 없는 일로 남았다.

아버지를 잃고 난 뒤 찰리는 겨울잠에 든 것처럼 보였다. 레지나는 속수무책으로 찰리가 친구들에게서 멀어지고 학교 숙제도 하지 않으며 우울해하는 것을 지켜봐야 했다.

어느 날 레지나는 찰리의 마음속에서 어떠한 변화가 있는지 알고 싶어 그와 많은 대화를 나누었다. 그녀는 찰리가 아버지의 죽음에 대해서 분개하고 있다는 것을 알고 놀랐다. 찰리는 아버지에게 이런 말을 해 주고 싶었다고 한다. "살아 있을 때도 나와 함께한 시간이 거의 없었는데 이제는 아버지가 세상에 없으니 나와 함께할 시간이 아예 없네요."

십대들은 자신이 청소년기에 있는 것만으로도 충분히 힘들다고 느낀다. 아이들은 자기 앞에 놓인 엄청난 변화와 직면해야 할 때가 있다. 부모의 이혼, 투병 생활, 가족의 죽음, 이사, 전학 등 트라우마를 줄 만한 일들은 이미 심리적으로 불안정한 십대에게 또 다른 재난이 되곤 한다.

아이들에게 가족의 죽음은 받아들이기 어려운 일이다. 게다가 대부분의 십대와 가족은 이미 불안정한 관계이기도 하다. 부모의 죽음은 서로 간에 해결되지 않았던 문제들이 영원히 뇌리에서 떠나지 않을 것 같다는 느낌을 준다. 마음속 깊은 곳에서는 자신을 누가 거둘지 혹은 이제 가난해지는 것은 아닌지 등으로 겁에 질려 있다. "내가 아버지가 필요할 때 나는 어디로 가야 하지?"

이혼은 아이들에게 버림받았다는 감정과 분노의 감정을 느끼게 한다. 아이들은 부모의 이혼을 자신의 탓이라고 생각하는 경향이 있다. 그들은 집이 두 곳으로 나뉘고 각 집마다 각각의 규칙들이 만들어지면서 자신들이 예상했던 환경과 달라지는 것을 받아들이기 어려워한다. 또한 그들은 한쪽 부모와 시간을 보낼 때 다른 쪽 부모와는 서로 충실하지 않은 것 같은 생각이 들기도 한다. 아무리 이혼이 평화롭게 진행되었다고 해도 아이들이 의지하던 안정적인 환경이 변하기 때문에 역시 아이들에겐 큰 변화다. 그들은 안정감의 욕구를 크게 느끼게 된다.

심각한 부상이나 질병도 아이들의 삶을 고단하게 만든다. 아이들은 가족 가운데 누군가가 병을 앓게 되어 자신의 일상이 바뀌는 것에 대해 분노를 느낀다. 그 다음에는 분노한 것에 대해 좌절감을 느낀다. 가족 가운데 한 사람이 심각한 병을 앓아 치료를 받게 된다면 아이는 아마도 그 부담감을 견디며 힘든 시간을 보낼 것이다. 아이의 머릿속에서는 온갖 두려운 생각들이 떠오를 것이다. "만약 엄마가 견디지 못하면 어떡하지?"

심지어는 이사를 하는 것만으로도 아이들의 감정에 영향을 준다. 이미 그들의 세상은 끊임없이 새로운 도전과 불안정함으로 가득 차 있고 자신이 살던 곳이 안전지대였다. 아이들은 친근함과 안정을 느낄 수 있는 집이라는 울타리에 의지하며 폭풍이 몰아치는 듯한 십대의 삶에서 균형을 맞추었다. 그런데 이 울타리가 모두 새롭고 낯설게 느껴지면 아이들은 더 이상 있을 공간이 없다고 느끼게 된다. 사회적인 측면에서 보면 지지해 주는 친구들이 있더라도 그들의 자존감을 세워 주기엔 부족하다. 그곳에선 그들이 이방인이기 때문에 어색한 사회적인 관계를 무릅쓰면서 전력투구해야 한다.

슈퍼캠프에서는 많은 청소년들이 자신의 내면을 들여다본다. 그들은 자신의 감정을 탐구해 보고 자신의 생각을 정리해 본다. 그리고 그들에게 많은 영향을 미친 일이 무엇인지 다시 생각해 보고 그들이 그렇게 행동하게 된 계기가 무엇인지에 대해서 알아본다. 대부분은 평범한 일들이다. "제일 친한 친구가 나를 피해요." "엄마는 콘서트에 가는 걸 허락해 주지 않아요" 등등. 하지만 시간이 지난 후 더 크게 와 닿는 일도 있다. 죽음, 이혼, 심각한 질병, 이러한 것들은 성인의 인생조차도 뒤집어 놓을 만한 것이다.

분명한 것은 이 프로그램이 치료를 해 주진 않는다는 것이다. 우리가 십대들에게 하는 어떠한 것도 치료를 대신하는 것은 없다. 아이들이 개인적인 비극사나 근본적인 변화, 혹은 그들에게 큰 영향을 미치는 변화에 대해서 이야기할 때 단지 우린 들어줄 뿐이다. 십대들은 자신의 정체성을 트라우마가 된 일과 연관 지어서 생각한다. 혹은 그 일이 자신의 잘못이라고 생각하기도 한다. 아이들은 가족을 탓하기도 하고 그 분노로 관계를 망치기도 한다. 그들은 감정이 걷잡을 수 없어지는 일을 어떻게 극복해야 할지 모르기도 하고 그들이 그러한 감정을 겪고 있다는 것을 인지하지 못하기도 한다. 그들은 어떤 이유 때문인지 그러한 감정들을 스스로도 인정하고 싶어 하지도 않는다. 회피하거나, 눈에 띄는 행동을 하거나, 마음을 닫아 버리면서 근본적인 변화를 피하고자 한다.

프로그램을 통해 다양한 방면으로 자기 결정권을 발견한 아이들은 트라우마에 대처하는 데 자기 결정권을 쓸 수 있다는 것을 알게 된다. 아이들은 엄청난 변화로 인해 한순간 자신의 삶에서 탈선할 수도 있다. 하지만 아이들이 자신의 인생을 결정할 힘이 있다는 걸 깨닫는 순간 삶을 원래대로 돌려놓을 수도 있다. 그들은 자신에게 일어날 일들을 그 누구도 통제할 수 없다는 것을 알고 있다. 하지만 아이들은 그 일을 어떻게 생각하느냐에 따라 자신이 완전히 통제할 수 있음을 깨달을 때 자신의 내면을 변화시킨다.

 아이들은 자신 옆에 든든한 부모가 있길 바란다

아이들은 힘든 시간을 겪다 보면 자신의 말을 진심으로 들어주는 사람이 필요하다는 것을 느낀다. 그리고 그 사람은 자신이 믿을 수 있는 '내 편'인 사람이어야 한다. 마치 홈그라운드 같은 것이다. 이 홈그라운드에 대한 믿음은 공유, 수용 등을 통해 생긴다. 그들은 캠프에 와서 자유롭게 이야기하고 마음을 여는데, 이는 그럴 수 있는 환경을 만들이 줬기 때문이다. 우리가 하는 행동에는 이유가 있다.

거기에는 '적절한 때'라는 요소가 필요하다는 것을 우리는 알게 됐다. 십대들은 자신이 준비되었다고 생각할 때까지는 마음을 터놓거나 이야기하지 않는다. 캠프 첫째 날에 남에게 다가가 자신의 감정에 대해 이야기하는 사람은 없다. 자신의 인생이 바뀔 만한 일이 생겼음에도 아이들이 얘기하지 않는 이유는 들어줄 사람이 없다고 생각해서 일 수도 있다. 아이들은 자신이 준비가 되었다고 생각할 때 자신의 감정을 터놓는다. 아이들이 속마음을 터놓을 시간이 되었다고 느끼게 해 주는 것이 우리의 일이다. 우리가 한동안 아이들에게 제안할 수 있었던 것은 "우린 언제든 들을 준비가 되었으니 얘기하고 싶으면 아무 때나 찾아와"라는 말뿐이었다.

적절한 때가 되었을 때, 개방형 질문('네, 아니오'로 답할 수 있는 질문이 아닌 설명을 해야 하는 질문)을 사용해 심각한 문제에 대해 물어보는 것으로 대화를 시작하는 것이 좋다. 예를 들면 "네게 무슨 일이 있었는지 설명해 줄래?" "친구와 그렇게 돼서 어떤 기분이 들지?" 같은 질문이 도움이 된다. 부모들은 아이가 질문에 답하면서 그 문제에 대해 좀 더 이해하고 통찰력을 갖게 된다고 말한다. 물론 그들 간의 대화는 잘 이루어진다.

"좀 더 말해 줄 수 있니?"라고 말하는 것도 도움이 된다. 이 말은 굉장한 힘이 있다. 이 말을 함으로써 흥미가 있다는 것을 보여 주고 앞으로의 질문들을 확장해 나갈 수 있기 때문이다. 한 십대 소년은 부모의 이혼 조정 기간 때문에 어머니가 멀리 떨어진 곳에서 살게 되었다. 아버지는 아들에게 이 일에 대해서 어떻게 생각하냐고 물었고 그는 이렇게 대답했다. "기분 더럽죠."

"그래? 자. 더 말해 보렴." 그러자 아이는 당황스러우면서도 아버지가 정말 듣고 싶어 한다는 것을 알고는 더 많은 것들에 대해서 이야기했다.

이야기를 밖으로 내뱉어 문제와 감정을 분리해서 정리하는 것은 좋은 방법이다. 하지만 이 방법이 유일한 것은 아니다. 캠프 기간 동안 아이들은 자신의 생각과 기분에 대해 쓴다. 무언가를 글로 표현하는 것은 좀 더 깊은 내면에 있는 것들을 끌어내는 과정에 엄청난 도움이 된다. 일기는 사적인 것이므로 자유롭게 쓸 수 있다. 아이들은 무엇이든지 쓸 수 있고 자신들이 원하는 말을 쓸 수 있으며 이 모든 것은 개인의 소유가 된다. 일기를 쓰는 것은 감정을 흘려보내기에 좋은 방법 중 하나다.

특히 시각적 표현을 잘 한다면 감정을 그림으로 표현해 보는 것도 도움이 된다. 그림을 그리는 것은 억눌렸던 감정을 해소해 주고 창의력을 자극하며, 새로운 관점을 가질 수 있게 한다. 모양, 색, 물질, 동물, 사람 등 모든 것으로 자신의 감정을 자유롭게 표현할 수 있다.

아이들은 그 문제에 대한 짧은 글을 써보는 것도 도움이 된다는 것을 알게 된다. 교육학자 미셸 그린더Michael Grinder는 제3자의 입장에서 사건을 이야기해 보는 것은 스스로 합리화하는 것을 피하기 위해서 좋은 방법이라고 말한다. 예를 들자면, "멜로디가 열네 살이었을 때, 그녀가 좋아하던 학교에서 아는 사람이 아무도 없는 학교로 전학을 가야 했다……"처럼 말이다.

또 다른 교육학자들은 그 문제에 얽힌 사람에게 편지를 쓰는 것도 도움이 된다고 말한다. 그 편지를 보내든 보내지 않든 말이다. 문제를 짚고 넘어가는 것만으로 감정이 움직일 수 있다. 바로 부모와의 대화가 도움이 되는 이유이기도 하다. 만약 그 사람이 이미 세상에 없더라도 그 편지는 하고 싶었던 말을 할 수 있는 기회를 준다. "사랑하는 아빠, 아빠가 돌아가시기 전에 제가 하고 싶었던 말들이 많이 있어요……" 이렇게 말이다. 비록 그 편지는 보낼 수는 없지만, 아이들은 감정을 숨기지 않고 솔직히 써내려 갈 수 있다.

 책임감 있는 아이가 자기 인생의 주인이 된다

슈퍼캠프를 통해 청소년들은 문제에 대한 감정을 자신이 조절할 수 있다는 것을 깨닫는다. 자신의 내면에서 어떠한 일이 벌어지고 있는지 이해하는 것만으로도 평화로움을 유지하는 데 도움이 된다. 하지만 진짜 변화는 그들이 벌어진 일에 대해 책임을 지고 대응할 때 일어난다.

아이들은 트라우마가 된 일에 대한 감정을 알아보는 과정을 통해서 자신이 그 방향을 선택했다는 것을 발견한다. 그 일에 대응하는 방법들 가운데 몇 가지는 그들을 위축시키기도 했고, 강하게 만들기도 했다. 어떤 방법을 선택할지는 자신에게 달려 있다. 아이들이 이런 깨달음을 얻으면 미래에도 직면할 수 있는 이런 상황에서 더 나은 결과를 가져올 방법을 선택할 수 있다. 어떤 일이 일어났을 때 대응하는 방법을 선택하는 것은 오직 자신만의 권한이다.

한번은 슈퍼캠프에 참가하는 동안 좋지 않은 선택을 한 아이가 있었다. 그는 자신의 태도를 부모의 이혼 탓으로 돌렸다. 하지만 우리는 부모에게 어떤 일이 일어났건 간에 그의 행동은 여전히 그가 선택할 수 있는 일이라고 설명했다. 그는 스스로 감정을 조절할 수 있다는 것을 깨달았다. 그러자 그는 자신을 더 나은 상황으로 가게 할 수 있었고 때로는 다른 사람들도 함께 더 나은 상황으로 이끌 수 있게 되었다.

이 아이디어의 중심에는 8가지 성공의 습관 중 하나인 책임감 Ownership이 있다. 책임감을 갖는다는 것은 자신의 행동에 책임을 진다는 뜻이다. "책임진 것에 대한 자부심"이라는 말을 생각해 보면 이 개념을 이해하는 데 도움이 될 것이다. 예를 들어, 자신이 소중하게 생각하는 것을 처음으로 갖게 된 순간의 기억을 떠올려 보자. 자신의 행동에 대해서 책임감을 갖게 된다면 아이들의 태도는 완전히 바뀌게 될 것이다. 자신의 행동을 소유하는 것은 아이들로 하여금 자기 자신을 조절하게 한다. 이것은 그들이 수동적으로 남이 정해 준 길을 따르는 게 아니라 자신이 선택한 방향으로 갈 수 있도록 한다. 그들은 자기 인생의 주인이다. 주인은 책임을 지는 사람이다. 아이들이 책임감을 가질 때, 자신을 통제할 수 있게 된다.

책임감은 시간이 지날수록 강력한 힘을 발휘한다. 트라우마가 된

일에 대해 책임감을 갖는다는 것은 선택의 여지가 없어 보이는 상황에서도 자신이 내면의 태도를 결정할 수 있다는 것을 의미한다.

아이들이 어떤 결정을 할 수 있을까? 슈퍼캠프에서는 아이들에게 그들이 매일 어떠한 선택을 할 수 있는지를 알려주기 위해 책임감과 관련된 게임을 한다. 어떠한 상황이 주어졌을 때 인생의 경계선 위에 살지 아래에 살지 그들은 선택해야 한다. 어떻게든 거짓말을 하거나, 남 탓으로 돌리거나, 합리화하거나, 포기하는 것은 경계선 아래 사는 사람들이 주로 하는 일이다. 책임을 지고 해결 방안을 찾거나, 계획에 따라 움직이거나 하는 것은 경계선 위에 사는 사람들이 하는 행동이다. 이 게임을 '경계선 위Above The Line'라고 부르기도 한다. 아이들은 이 게임을 통해 경계선 아래의 삶은 권한을 잃거나 신임을 져버리거나 자유를 잃는 경고가 주어진다는 것을 배우고 경계선 위를 선택한 경우는 자유를 누리고 존중받으며 성공하는 결과를 가져다준다는 것을 배운다.

책임감 게임에 참여한 아이들은 중요한 발견을 한다. 아무리 기억하기 싫을 상황이 생기고 자신의 삶이 혼란에 빠지더라도 여전히 자신이 통제할 수 있는 것이다. 그것은 바로 이 순간 '어떻게 대응할 것인지'를 판단해 자신이 책임을 지고 행하는 것이다.

 ## 분노나 원망 등 부정적인 감정도 자신의 선택에 달렸다

경계선 위를 선택한다는 것은 긍정적인 태도와 행동을 선택하고 파괴적인 삶을 떠나보내는 것이다. 아이들은 가끔 자신의 고통스러운 감정에 대한 반응을 다른 사람에 대한 분노로 표현하는 경우가 있다. 예를 들어 아이들은 이혼한 부모에게 화가 나거나 이사로 인한 전학에 화가 난 것일 수 있다. 또 이미 세상을 떠나 곁에 없는 부모를 원망할 수도 있다. 하지만 함정은 화풀이한 대상보다 화를 낸 자신이 더 상처받는다는 것이다.

한 십대 소녀는 이혼한 탓에 자신과 함께 시간을 보내지 못한 아버지에게 분노를 쏟아낸 적이 있다. 새아버지는 그녀의 삶에 함께하고 모든 일들을 나누고 싶어 했지만 그녀는 그도 언젠가 떠날 거라며 거리를 두었다. 그러다 그녀는 새아버지에게 거리를 두는 게 자신에게 상처를 주는 일이며 이는 친밀해질 수 있었던 기회마저 밀어내는 것이라는 점을 깨달았다.

아이들이 이러한 상황을 판단할 수 있게 됐을 때, 분노는 경계선 아래 사는 사람들이 선택하는 일이라는 걸 알게 된다. 그렇지만 그들이 분노를 오랫동안 가지고 있었다면 이를 떨쳐 내는 일은 쉽지 않다.

"걷다가 신발에 돌이 들어간 적이 있는 사람?"

거의 모든 아이들이 고개를 끄덕인다.

"분노란 신발에 들어갔던 돌과 같아. 만약 여러분이 신발을 벗어 돌을 털어 내는 대신에 발가락을 꼼지락거려 찔리지 않게 돌을 어느 한쪽에 놔둔다고 해 보자. 이건 다른 사람들에게 감정을 표출하는 대신 한쪽에 감정을 묻어두는 거랑 같아. 그 감정이 나아지길 바라면서 말이야."

아이들은 여전히 고개를 끄덕인다. 대부분의 아이들은 이야기 속에서 자신의 모습을 발견할 수 있었다.

"하지만 그 감정은 곧 불쾌한 기분이 되어 다시 나타나지. 신발에 있던 돌이 다시 발을 찌르는 것처럼. 그 상태가 심해지면 여러분의 발은 감각이 없어지겠지. 마찬가지로 감정이 무뎌지고 무감각해지는 지경에 이르면 여러분의 영혼에 분노가 스며들 거야."

그날 방 안에 있는 아이들의 머릿속에 무언가 번쩍 떠오르는 것 같았다. 그들은 완전히 이해했다. 아이들은 신발 안에 돌을 놔뒀던 것처럼 분노를 자신 안에 감춰 두었음을 깨닫는다. 분노란 그들이 자처한 고통인 것이다. 그들은 자신이 원할 때 언제든지 그 분노를 멈출 수 있다.

우리는 이러한 순간들을 좋아한다. 우리처럼 십대들을 올바르게 이끌어 나가는 것에 열중하는 사람들이라면, 이 순간 모든 걸 감수할 만한 보람이 있다고 느끼는 우리를 이해할 것이다.

캠프 참가자가 분노에 대해서 탐구하는 또 다른 강력한 방법이 있다. 아이들에 대해 더 느끼길 원한다면 우리와 함께해 보자.

"자, 모두 주먹을 꽉 쥐어 봐." 강사가 말한다. "더 꽉 쥐어 봐. 마치 돌을 쥐고 있는 것처럼."

방 안에 있는 모두가 주먹을 꽉 쥐고 표정을 일그러트린 것을 확인한다. 그들은 정말 쥐어짜고 있다. 아이들이 주먹을 꽉 쥐고 있는 동안 강사는 이야기를 이어 나간다.

"지금 힘을 꽉 쥐고 있는 상황은 여러분이 분노를 가지고 있는 상태랑 같은 거야. 자 이제 자신이 원망하는 사람에 대해서 생각해 봐. 만약 그들이 영원히 바뀌지 않으면?"

다시 우리가 방을 둘러봤을 때, 찌푸린 얼굴들을 많이 볼 수 있었다. 지금부터는 아이들이 주먹에 준 힘을 풀고 싶을 것이다. 하지만 아직은 힘을 풀 시간이 아니다.

"손을 봐. 무슨 색이지?" "빨강색이에요." 아이들이 힘을 주느라 이를 악물고 대답한다.

"그렇다면 상처받고 화가 난 기분을 색으로 표현하면 무슨 색으로 표현할래?" "빨강이요!"

자신의 손을 꽉 쥐고 있을수록 아이들은 고통스러워진다. 이쯤 되면 대부분의 아이들은 자신이 하는 행동이 무엇을 뜻하는지 알게 되었을 것이다. 자신이 분노를 가지면 스스로를 괴롭히는 것이란 걸 알 것이다. 몇 분이 지나고 우리는 아이들에게 손을 다시 들여다보라고 한다. 그리고 무슨 색인지 다시 묻는다.

"보라색이요!" "하얀색이요!" 아이들이 툴툴거리면서 대답한다.

"그게 왜 그렇게 변했지?"

"혈액 순환이 안 돼서 그래요."

"그럼 그 느낌은 어때?"

"감각이 없어요."

"바로 그거야. 무감각. 죽는 것. 다른 사람들과의 관계도 마찬가지야. 분노를 너무 오랫동안 지니고 있으면 그 관계는 죽어 버리는 거지."

마침내 우리는 그들의 주먹 쥔 손을 풀게 한다. 이제 아이들은 어떤 감정을 느낄까?

"편안해요!"

"그게 바로 우리가 누군가를 용서했을 때 느낄 수 있는 감정이야."

'경험한 후에 알게 하라'(퀀텀 창의적 교수법)는 원리를 적용했기 때문에 아이들은 분노에 대한 내용을 자신과 깊이 연결하여 이해할 수 있다. 왜냐하면 아이들이 이미 지닌 정보에 느낀 바를 더해 사고했기 때문이다. 슈퍼캠프에서의 학습은 우선 경험하고 공감을 나누고 그다음 정의를 내린다. 시간이 지나면서 그들이 무엇을 배웠는지 생각해 볼 때, 그들에게 이미 배움이 있다는 것을 알게 되는 구조로 수업이 진행된다. 아이들은 심리적으로 불안정한 상태이기 때문에 스스로 감정을 잘 다루기 힘들다. 하지만 그들 모두 신발에 돌이 들어간 경험이 있었다. 그들 모두 주먹을 꽉 쥐었을 때의 감정을 느껴 봤다. 아이들은 먼저 경험했고 이를 바탕으로 정의를 내렸다. 고통은 자신이 놓아주기 전까지 그 자리에 있다. 분노도 자신이 놓아줄 때까지 그 자리에 있다.

그럼 원망은 어디서 생기는 걸까? 이 질문에 대한 답을 찾다 보면, 아이들은 원망이 자신의 기대를 충족시켜 주지 못한 사람을 탓하는 데서 생겨났음을 깨닫는다. 그들이 해야 한다고 생각한 것을 해 주지 않은 사람말이다. 우리는 자신의 기대를 충족시켜 주지 못하는 누군가를 원망할 때 "내가 기대했던 대로 했어야지"라고 생각한다.

아이들도 기대를 저버리는 것이 자신에게 나쁜 행동을 하고 자신을 괴롭히는 태도와 다르다는 것을 알고 있다. 당연히 이런 태도는 괜찮지 않다. 하지만 기대에 못 미치는 사람에 대한 원망을 내려놓는 것은 그 태도를 받아 주는 것이 아니다. 그 사람이 뭘 하든 좋지 않은 감정으로 대응하지 않는 나의 선택이다.

 변화를 유연하게 받아들여라

청소년들의 힘든 시기를 도와줄 또 다른 성공 습관은 유연성Flexibility이다. 유연성을 지니면 변화를 잘 다스릴 수 있다. 작동하지 않는 것은 과감히 버리고 작동하는 것이 무엇인지 돌아볼 수 있는 것을 유연성이라 할 수 있다. 삶은 가끔 커브 공을 던진다. 우리는 원하는 대로 일이 흘러가지 않을 때, 더 이상 시도하지 않고 융통성 없이 꼼짝하지 않은 채 기다릴 수도 있고 아니면 낡은 방식을 버리고 새로운 방법을 시

도해 볼 수도 있다.

한번은 우리가 유연성에 대해서 이야기할 때, 한 강사가 아이들에게 결혼 전 완벽한 신혼여행을 기대했다는 이야기를 꺼냈다. 하지만 결과는 그렇지 않았다. 부부가 신혼여행지인 발리에서 리조트 요가 수업에 참여했는데, 방이 너무 뜨거워 남편이 기절했다. 남편의 상태가 호전되지 않자 신혼여행을 포기하고 집으로 돌아왔다. 그들은 그 일이 신혼여행을 망쳤다며 민감하게 생각하는 대신에 재밌는 해프닝으로 받아들였다. 이 일은 이후 가족 모임에서 재밌는 이야깃거리가 되었다.

프로그램 수업 중에 한 아이가 방귀를 참지 못했다. 아이들의 시선이 그 아이에게 몰리려는 순간, 반대쪽에 앉아 있는 쿤이라는 스태프가 "어! 미안"이라고 외쳤다. 그러자 또 다른 쪽의 스태프가 "어! 난데?" 그러자 또 다른 아이도 "어! 전데요"라고 웃으며 말했다. 아이들은 서로를 바라보며 웃었고 유연성을 발휘하며 서로 이해해 주는 해프닝으로 마무리되었다.

유연성은 단지 재미로 어떤 것을 무작위로 변화시키는 것이 아니라, 자신이 원하는 결과로 일이 이루어질 수 있도록 자신의 태도나 행동이 갖추어졌는지 인식하는 것이다. 우리가 하는 일이 잘못된 방향으로 흘러가고 있다는 것을 인정하기는 힘들다. 우리가 하는 일은 자아가 관계되기 때문이다. 하지만 우리가 하는 일의 결과가 마음에 들지 않는다면, 우리가 할 수 있는 유일한 변화는 우리의 행동을 바꾸는 것이다.

　심지어 성인조차도 변화를 두려워한다. 사실은 그게 아닐지라도 하던 대로 하는 것이 더 편하게 느껴진다. 우리가 자발적으로 선택을 했든, 상황에 떠밀려서 강요받았든 간에 변화를 마주하는 것은 용기를 내야 하는 일이다. 우리는 알 수 없는 상황과 심지어 최악의 경우를 상상하면서 변화를 두려워한다.

　우리 프로그램 가운데 **FEAR**(False Expectations Appearing Real)라는 것이 있다. 부정확한 예상이 실제로 (좋지 않게) 나타날 것이라고 여겨 겁을 내는 것이 두려움(FEAR)이다. 캠프 참가자들은 자신이 많은 청중 앞에서 발표할 때 실패하는 상황이 일어날 것이라고 지레짐작하며 두려워한다. 하지만 실제 어떤 일이 벌어질까? 대부분의 경우, 그들은 자신이 상상한 두려운 상황은 매번 발생하지 않는다는 것을 발견하고 깨달음을 얻게 된다.

　아이들은 두려움에도 불구하고 가치 있는 일을 해낼 때, 두려움은 사라지고 용기가 생기는 것을 느낄 것이다.

　또한 아이들은 이러한 변화가 자신을 더 나은 상황으로 이끈다는 것을 알아낼 것이다. 그들이 변화하지 않았다면 지금보다 더 강하지 못했을 것이며, 새로운 관계를 형성하지도 못했을 것이고, 멋진 친구도 만나지 못했을 것이며, 슈퍼캠프가 재밌는 곳이라는 것도 몰랐을 것이다. 변화가 두렵고 공평하지 않다고 생각할 수 있다. 하지만 변화는 기회를 가져다준다. 변화가 그저 두렵고 놀라울 일들만 가져오는 것이 아니라 다양한 경험들을 제공한다는 것을 알았을 때 비로소 아이들은 변화를 다른 관점에서 볼 수 있다.

- 아이들은 특히 어려운 문제에 부딪혔을 때 자신의 말을 진심으로 들어주는 사람을 절실히 원한다. 그리고 그 사람은 자신이 믿을 수 있는 '내 편'인 사람이어야 한다. 이러한 믿음은 가족 간의 생각을 공유하고 수용하면서 형성된다. 가정에서 부모는 아이에게 이러한 환경을 만들어 주는 것이 중요하다.

- 책임감을 갖는다는 것은 자신의 행동에 책임을 진다는 뜻이다. 아이가 자신의 행동에 대해서 책임감을 갖게 된다면 그 태도는 완전히 바뀌게 될 것이다. 수동적으로 남이 정해 준 길을 따르는 게 아니라 자신이 선택한 방향으로 갈 수 있도록 한다. 책임감을 가질 때, 자기 삶의 주인이 될 수 있다.

- 원망이란 자신의 기대를 충족시켜주지 못한 사람을 탓하는 데서 생긴다. 청소년기의 아이들은 심리적으로 불안정한 상태이기 때문에 스스로 감정을 잘 다루기 힘들다. 자신이 그 일에 대해 어떻게 생각하느냐에 따라 감정도 조절될 수 있다. 원망이나 분노 등 좋지 않은 감정은 가능한 빨리 흘려보내야 자신의 마음이 안정될 수 있음을 알게 해 준다.

- 우리는 알 수 없는 상황과 심지어 최악의 경우를 상상하면서 변화를 두려워한다. 아이들은 두려움에도 불구하고 가치 있는 일을 해낼 때, 두려움은 사라지고 용기가 생기는 것을 느낄 것이다. 이러한 변화가 자신을 더 나은 상황으로 이끈다는 것 또한 알게 된다. 변화에 유연하게 대처할 수 있도록 아이에게 용기를 불어넣어 주어야 한다.

CHAPTER 6

공부에 책임감을 가질 때 낮은 학업 성적을 향상시킬 수 있다

지난해 학기 말 우리 가족은 조촐한 파티를 열었는데 아들 코디가 다음 학년으로 올라간 것을 축하하기 위한 자리였다. 한동안 우리는 그가 해낼 수 있을지 의구심을 가지고 있었다. 그는 밝은 아이였지만 학교 공부를 따라가지 못해 좌절했다. 나는 아들을 형편없는 학생이라고 생각해 왔다. 내가 고대하는 것은 어느 날 코디가 평균 점수를 받게 되는 것이다.

　왜 많은 청소년들이 공부에 대해 어려움을 느낄까? 우리는 아이들이 학습법을 제대로 배운 적이 없다는 점이 가장 중요한 이유라고 생각한다. 아이들에게 학습법을 가르치고 나면 그들은 "왜 아무도 이걸 알려 주지 않았을까요? 이 방법으로 배우니까 훨씬 잘 이해돼요!"라고 말하곤 한다. 아이들은 학습에 관한 기본 상식 도구를 얻을 때까지 자신이 얼마나 뛰어난지를 알 기회를 놓친다.

　학습 능력의 부족은 제쳐 두더라도, 많은 십대들이 자신의 진정한 학습 능력과는 관계없는 수많은 이유로 인해 공부에 흥미를 잃는다. 계속된 실패로 아이들이 패배주의적인 태도를 지녔을 수도 있다. 선생님이 사용하는 학습법보다 각각의 아이들에게 맞는 다른 방법이 있을 수도 있다. 물론 교육 여건상 선생님은 동시에 다수를 가르쳐야 한다.

그렇기에 아이들은 자기에게 맞는 방법을 알고 있어야 한다.

일부 선생님들은 왜 그 과목을 배워야 하는지를 학생들이 이해하도록 알려 주지 않은 채 수업을 하기도 한다. 아이들은 학교가 어른들이 자신들에게 의무를 지운 것 중 하나라고 생각한다. 혹은 학습은 자신들이 원해서가 아니라 단지 전달받는 것이라고 생각하거나 그저 지루한 것이라고 여길 수 있다.

이런 이유들 때문에 십대 시절 배움의 즐거움은 쉽게 줄어든다. 우리도 그 나이 때 그러한 일을 겪었고, 공부하는 즐거움이 사라지기도 했다. 아이들에게 공부의 즐거움이 없으면 학교에서 배워야 하는 이유와 동기 부여가 사라진다.

어떻게 해야 아이들이 배우는 즐거움을 되찾을 수 있을까? 어떻게 해야 아이들 스스로 동기를 부여할 수 있을까? 아이들은 어떻게 자신이 할 수 있다는 것을 알 수 있을까? 어떻게 아이들의 무관심을 열정으로 바꿀 수 있을까?

아이들은 자신만의 학습법을 가질 수 있다는 가능성에 눈을 떴을 때, 황홀한 기분을 느낀다. 어떻게 학습하는지 알게 되면서 어떤 학습법은 다른 사람에게 잘 맞는 방법이지만 왜 자신에게는 잘 맞지 않는지 고민하게 된다. 기본 학습 방법과 함께 학습하기, 기억하기 그리고 자신감을 키우는 방법 등을 배운다면 이는 책임을 지는 태도와 합쳐져 학업에 대한 방향을 완전히 바꿔놓게 된다.

 내 아이는 공부를 즐기고 있는가

우리는 부모들에게 많은 것을 배운다. 슈퍼캠프가 끝난 이후 그들은 자녀들과 학교에 관한 대화를 즐겨 나누게 되었다. 슈퍼캠프 전에는 부모가 학업에 대해 이야기를 꺼낼라치면 아이들은 "아 또 엄마의 강의가 시작되는군. 너희들을 위한 거야. 어쩌고저쩌고……"라고 반응했다. 하지만 슈퍼캠프 이후에는 아이들이 학교에서 있었던 경험을 가족과 나누는 것을 즐기기 시작한다.

대부분의 경우, 아이들은 그 순간만을 생각하며 살고 있다. 많은 십대들이 오늘 즐겁지 않은 일이 내일은 도움이 될지도 모른다는 생각을 하지 못하고 산다. 어른들이 학교에서 하는 공연이 미래에 도움이 될 거라고 이야기해도, 아이들에게는 크게 와 닿지 않을 것이다. 아이들은 자신에게 바로 도움되지 않는 한, 자신을 온전히 그 일에 쏟아 붓지 않을 것이다. 몇몇 아이들은 반대되는 문제를 갖고 있다. 그들은 대학을 가기 위해 성적을 올리는 데 집중하고, 완벽한 학생이 되느라 많은 즐거운 경험들을 놓치고 있다. 아이들은 교육을 너무 좁은 관점에서만 보고 있다.

슈퍼캠프 프로그램과 십대들 간의 상호작용이 가능한 것은 우리가 그들의 관점으로 보기 때문이다. 어른들이 자주 하는 "나는 그랬는데 넌 왜 못하니" 같은 말은 아이들이 방황할 때 별 도움이 안 된다. 이러한 대화는 아이에게 자신이 기대에 못 미친다고 느끼게 만든다.

결국 대부분 상황이 악화되곤 한다. 실패에 대한 두려움은 학업을 성취하는 데 방해가 된다.

그렇다면 성적 상위권에 있는 아이들에게 필요한 것은 무엇일까? 그들은 학교에서 어떤 도움을 받을까? 경우에 따라 다르다. 그들이 정말 학교 교육에서 얻는 것이 무엇일까? 그들은 진정한 배움을 위해 공부하는 것일까? 아니면 그저 좋은 성적을 받기 위해서 공부하는 것일까?

좋은 성적을 받는 것이 교육의 목표는 아니다. 그것은 부산물일 뿐이다. 물론 뛰어난 성적은 중요하다. 특히 좋은 학교를 가기 위해선 말이다. 하지만 유망한 아이들이 너무 성적에만 관심을 갖다보면 더 큰 그림을 놓칠 수도 있다. 우리는 다음과 같은 질문들을 생각해 보아야 한다. 아이들은 배우는 것을 얼마나 잘 적용시킬 수 있을까? 그들이 한 과목에서 배운 양식을 다른 과목을 배우는 데 도움이 되도록 적용시킬 수 있는가? 그들은 얼마나 창의적으로 자신의 지식을 다룰 수 있는가? 그들은 자신의 교육을 원만하게 할 만한 학업 외의 활동을 하고 있는가? 그리고 제일 중요한 점인, 그들은 이 공부를 즐기고 있는가?

우리는 각각의 십대들이 학교를 어떻게 생각하는가를 찾는 데 초점을 두었다. 그것은 아이들에게 어떤 영향을 미치는가? 그들은 과정 안에서 자신의 모습을 어떻게 보고 있는가? 가끔 그들이 원하는 것은 단지 자신의 이야기를 들어주고 자신을 이해해 주는 것뿐일 때도 있다. 덧붙여 그들은 자신만의 방식으로 일을 해결할 수 있도록 기다려주는 것을 원한다. 어떤 경우에는 무엇이 필요한지 말해주는 것보다 아이 스스로 필요한 것이 무엇인지 핵심을 찾고 탐구할 수 있도록 하는 것이 도움이 될 때가 있다. 아이가 경험을 되짚어보면서 어떠한 것이 잘못되었는지, 학교 생활에서 자신이 채워야 할 부분이 어떤 것인지, 자신이 어떤 순간에 태도를 조절할 필요가 있는지 생각해 볼 수 있다.

아이가 스스로 변화가 필요한 이유를 찾게 될 때 효과는 더욱 커진다.

 아이가 공부에 책임감을 갖게 되면
엄청난 에너지를 쏟아 낸다

시험이란 단어를 들었을 때 어떤 것이 떠오르는가? "난 절대 해내지 못할 거야, 난 통과하지 못할 거야, 오늘은 많이 아파서 결석했으면 좋겠어, 시간이 하루만 더 있었다면" 등등. 이러한 답변들이 우리가 일반적으로 학생들에게서 들을 수 있는 것들이다.

아이들이 학교에 대해서 보이는 뚜렷한 태도가 있다. 아이들의 태도는 실제 경험뿐만 아니라 경험하면서 느꼈던 것들까지 포함되어 형성된다. 예를 들어 시험에 대해 부정적인 인식을 갖고 있는 아이라면 부정적으로 생각하는 습관 때문에 그 인식은 계속해서 이어져 나갈 수 있다.

사람의 뇌는 무언가에 대해 말하거나 경험에 따라 반응을 한다. 우리가 불쾌한 일을 경험할 때마다 혹은 부정적인 생각을 할 때마다 신경 반응은 "시험은 끔찍해"라고 인지하도록 강화할 것이다. 그런데 이때 만약 아이가 그러한 연결 고리를 다르게 한다면 어떻게 될까? 예를 들어, "난 시험이 너무 좋아. 나는 거기에 완전 빠져 있고 이건 멋진 도전이야"라고 결심한다면 말이다.

슈퍼캠프 프로그램 가운데 공부에 대한 태도를 배우는 과정이 있다. 그때 우리는 아이들에게 누군가 '시험'에 대해 말하면 다음과 같이 하도록 한다. "빨리 시험 좀 보게 해 주세요. 도전해 볼래요!" 아이들은 다 같이 큰소리로 외치는 연습을 한다. 그리고 실제 생활에서도 이렇게 외치라고 말한다. 처음에는 장난 같지만 이는 시험에 대한 그들의 생각을 바꿀 수 있다. 아이들이 시험에 대한 태도를 부정적인 것에서 긍정적인 것으로 바꾸면서 그들의 뇌도 공부에 대해서 두려워하는 신호 대신 도전하는 신호를 즐기게 된다. 그들은 수동적인 시험의 희생자가 되는 대신에 시험에 대한 긍정적 경험을 온전히 소유할 수 있다.

한번은 어느 학교의 관리자가 우리 캠프에 방문한 적이 있다. 그녀는 강사와 얘기하다가 우연히 '시험'이란 단어를 사용했다. 그 순간 주변에 가까이 있었던 아이들이 "빨리 시험 좀 보게 해 주세요!"라고 큰 소리로 외치는 바람에 그녀가 깜짝 놀라는 해프닝도 있었다.

'책임감'이라는 성공의 습관은 우리가 공부에 대해 이야기할 때 어떠한 태도를 보이냐에 달렸다. 아이들은 수동적인 역할에 빠져들기 쉽다. "선생님은 가르치고 나는 그저 앉아서 들으면 돼." 이 반복이 절정에 이르면 대부분의 아이들이 학교에 대해 자동 모드로 변환한다. 이것은 가르치는 사람을 지치게 하고 이는 아이들과 상호작용을 하기 어려워지는 상황으로 연결된다.

하지만 아이들이 공부에 대한 책임감을 되찾을 때 흥미로운 일이 생긴다. 그들은 배움의 즐거움과 도전하는 자세를 다시 발견하게 된다. 그들은 경기에 출전하지 못하고 벤치만 지키는 선수가 아니라 주도하는, 즉 항해를 이끄는 선장이 된다. 이제 그들은 스스로 학업 방향이 어디로 가고 있는지 얼마나 멀리 갔는지 길 안내를 할 수 있다.

공부에 책임감을 갖는다는 것은 더 이상 변명을 할 수 없고, 남 탓 할 수 없다는 것을 의미하기도 한다. "선생님이 나한테 이걸 하라고 했어요," "그는 좋은 선생님이 아니에요," "내 공부 파트너는 수학을 못 해요," "이 학교는 진짜 별로예요" 등등. 책임감은 우리가 살아가면서 하는 모든 일들과 우리가 인생의 전 과정 모두를 책임져야 하는 것을 말한다.

아이가 공부에 책임을 지기 시작하면 그 에너지 단계도 저절로 높아진다. 부모는 아이의 눈과 행동에서 책임감에 대한 자부심을 느낄 수 있을 것이다. 책임감을 갖는 것만으로도 아이는 좀 더 몰두하게 되고 열의를 갖게 되며 스스로 일깨우게 된다.

슈퍼캠프 졸업생 데이비드는 '책임감'이라는 습관이 자신의 성적을 향상시킬 수 있게 도와줬다고 말한다.

"(슈퍼캠프에서) 나는 스스로에게 명령하고 내 능력을 어떻게 활용하는지에 대해서 완전히 깨달았습니다. 그 다음해 화학 수업에서 나는 평상시대로 내 친구 옆에 앉았어요. 우리는 보통 수업 시간에 농담을 하거나 선생님을 놀리면서 시간을 보내곤 했어요. 나는 문득 이런 행동들이 지금의 내 새로운 신념과는 맞지 않는다는 생각이 들었습니다. 난 수업에 집중하고 싶었고, 친구에게 내 의사를 설명했습니다. 친구는 당황스러워했지만 그것이 나를 멈추게 하진 않았습니다. 그 순간부터는 내 예전 모습을 찾아보기 힘듭니다."

캠프 장소에는 아이들이 읽을 수 있도록 벽에 이런 문구가 있다. "나는 내 삶에 책임을 진다." 자신이 책임자라는 걸 깨닫는 순간, 그들은 큰 포부를 향해 자신만의 길을 걷게 될 것이다. 책임감을 가지고 '할 수 있다'는 태도와 학습 방법을 연결한다면, 그들은 성공을 향해서 멈추지 않는 급행 열차를 타는 것이 된다.

 성공의 경험은 어떤 효과가 있는가

슈퍼캠프 졸업생들이 자신감으로 빛나는 것은 그들이 자신만의 성공을 해 봤기 때문이다. 우리는 이를 기회, 믿음, 소망하는 것에만 맡기지 않는다. 우리는 아이들에게 성공이 얼마나 좋은 것인지 직접 체험할

수 있는 기회를 만든다. 그들은 단지 자신이 성공할 수 있다고 믿는 것이 아니라 이미 그렇다는 것을 알고 있다. 왜일까? 프로그램을 통해 그 경험을 수없이 맛보기 때문이다.

아이들이 실패에 대한 두려움 때문에 성취할 기회를 놓쳐서는 안 된다. 그들은 아무것도 하지 못하는 자신의 모습을 발견할까 봐 두려워한다. 그들은 스스로에게 "나는 내 자신에게 만족감이 들 때, 더 큰 일에 도전해 볼 거야"라고 말한다. 하지만 우리가 십대들과 지내면서 발견한 것은 자신감은 위의 말에 반대로 작용한다는 것이다. 어떤 일에 대해 공격적으로 나서서 성취한 다음에 생기는 것이 자신감이다. 작은 것에서부터 시작해서 작은 성공을 이루고 거기서부터 쌓아 나가면 되는 것이다.

캠프 참가자들은 자신감을 가로막는 벽을 도전과 성공을 반복해 겪으면서 부숴 나간다. 우리는 이 전략을 학업 프로그램에 사용하는 것뿐만 아니라 삶의 기술, 태도 그 밖의 여러 가지에도 적용한다. 아이들은 먼저 개인적인 작은 성공을 경험한 뒤 점점 일반적인 큰 성공에 도전한다. 이렇게 따라가다 보면 그들이 할 수 있다고 아는 것을 토대로 성공을 만들어 간다. 성공을 예행연습하는 것이다. 아이들은 작은 성공으로 얻은 에너지로 다음 단계로 나아갈 수 있게 된다.

학습법 중 기억력 기술을 가르칠 때, 우리가 제일 먼저 하는 방법이 있다. 우선 아이들이 틀릴까 봐 두려워한다면 큰 그룹으로 다 함께 답을 외치게 한다(개인은 드러나지 않는다). 그것은 굉장히 안전하다. 그

다음 작은 그룹이나 두 명씩 짝을 지어서 답하게 한다. 이런 과정을 통해 아이들은 여러 사람들 앞에서 의견을 자신 있게 이야기할 수 있게 된다. 커다란 한 발자국을 내딛는 것은 두려울 수 있다. 하지만 그들이 자신감 있게 성공한 경험을 바탕으로 천천히 발을 내딛다 보면 이를 기반으로 성공을 구축할 수 있다.

 슈퍼캠프에서 배운 방법으로 자신감을 갖고 도전하다

슈퍼캠프에 참가하기 전까지 저는 학교에서 도전할 줄 몰랐던 아이였어요. 저는 학교에서 고급반을 유일하게 듣는 사람이고, 학생회 임원이고 골프 팀에도 소속되어 있었지만 어떠한 리더 역할도 하지 못했어요. 제 관리만 하는 수준이었지요. 하지만 슈퍼캠프 이후엔 모든 게 달라졌어요. 2학년 때 슈퍼캠프에서 배운 방법들을 적용했고 결과는 긍정적으로 나타났어요. 학교에서 인기 투표 순위에 올랐고 학업 외 활동들도 하게 됐고, 2학년 때는 평균 점수를 100점 만점에서 98점이나 받기도 했어요. 슈퍼캠프는 지금 이러한 것이 제 삶이라는 것을 알려 줬어요! 저는 그동안 아무것도 하지 않은 채 고등학교 생활을 흘려보내고 있었어요. 그런 제가 이렇게 바뀔 수 있다는 게 놀랍고 저로 인해 많은 사람들이 행복할 수 있다는 게 기쁩니다. 슈퍼캠프 이후로 저는 제 자신에 대해서 낙천적이고 자신감을 갖게 되었어요. 왜냐하면 저는 단점들은 낮추고 장점을 극대화하는 법을 배웠거든요. 단점을 신경 쓰고 걱정하느니 장점에 집중할 거예요!

―오스틴 우디의 편지

 ## 자신에 대한 신념은 학습 능력을 향상시킨다

슈퍼캠프 졸업생들에게 학업에 대한 돌파구를 찾았다는 내용의 편지를 받았을 때 우리는 무척 기분이 좋다. 그들은 학습 능력이 향상되었고, 성적도 매우 좋아졌다. 또 대학 입학 성적도 높게 나왔다. 이러한 결과들은 그들이 스스로를 어떻게 생각하는지, 곧 자신에 대한 신념에서 시작되었다. 우린 여기 몇 가지 사실을 진리로 삼는다. 모든 사람들은 배우는 능력이 있고, 저마다 다른 방법으로 배운다. 학습에 가장 좋은 것은 즐거움, 참여와 도전할 수 있는 환경이다.

이러한 원칙을 확실히 얻기 위해 캠프 참가자들은 ABC를 배운다.

A는 태도Attitude다. '우리가 도전하자!'라고 말하는 태도는 결과에 영향을 끼친다. 아이들이 '아, 바로 지금이야!'라는 사고로 공부에 접근하고 끊임없는 호기심과 지식에 대한 갈증이 있을 때, 그들은 무엇이든 배울 수 있다. '다 덤벼!'라는 태도는 배우는 것을 더 쉽게 느끼게 한다.

B는 믿음Belief이다. 우리가 자신의 능력에 대해서 믿는 것은 공부에 영향을 미친다. 만약 어떤 사람이 자신을 형편없는 학생이라고 믿는다면 어떨까? 그의 믿음은 자기 실현적 예언이 될 것이다. 하지만 만약, 그가 자신에게 "난 배울 자세가 되어 있어. 그리고 나는 매일 나아지고 있어"라고 말하기로 결정했다면, 그의 학습 능력은 발전할 것이다. 우리 모두는 자신의 믿음을 선택할 수 있는 권리가 있다. 할 수 있

다는 믿음에 힘을 싣는 것을 선택하는 사람이 그렇지 않은 사람보다 훨씬 더 자신의 목표에 도달할 가능성이 있다는 것은 당연한 일이 아닌가?

C는 몰입Commitment이다. 몰입은 엄청난 힘을 발휘한다. 우리는 특정한 목표 혹은 행동 방침을 따라가다 보면 자신이 갖고 있는 줄 몰랐던 자원을 발견한다. 우리가 배우는 것에 몰입했을 때, 우리의 에너지가 올라가기 시작한다. 이것은 마치 거대한 렌즈가 마침내 초점을 찾은 것과 같다.

 자신에게 맞는 학습 통로를 알아야 한다

"선생님은 저를 싫어해요. 제가 반복된 것을 물어볼 때마다 저에게 화를 내요."

"제가 선생님께 그 내용이 이해가 안 돼서 세 번을 반복해서 읽었다고 했더니 제가 그냥 이해력이 떨어지는 거래요."

"저는 의자에 앉아서 계속 손이나 발로 다른 행동을 해요. 하지만 가만히 앉아있으면 선생님이 하는 말이 잘 안 들어와요."

아이들은 종종 선생님과 그들 사이에 뭔가 연결되지 않는다는 느낌을 받지만 그 배경에 무엇이 있는지는 좀처럼 알지 못한다. 불만스러워하는 선생님들은 학생들이 그저 무례하고 이해가 부족하기 때문이라고 추정한다.

또 다른 문제는 학생이 배우는 법과 선생님이 가르치는 법이 일치하지 않는 경우가 있다는 것이다. 두 학생이 앉아 있어도 그들이 같은 방법으로 배우진 않는다. 어떤 사람들은 특정한 환경에서 다른 사람보다 더 잘 배우기도 한다. 아이들은 배우기 어렵다고 확신하는 경우에도 정보를 다른 통로로 제공받으면 자신이 잘 배운다는 것을 깨닫게 된다.

많은 학교들이 학생들마다 배우는 방법이 다르다는 사실에 대해서 인지하지 못한 채 교육을 한다. 획일화된 교육은 각각 다른 아이들에게 맞지 않는다. 실제로 선생님들 중에는 주의력 결핍 장애를 지닌 학생들에게 어떻게 다가가야 할지 모르는 경우도 있다. 우리는 정확한 진단을 한 후 행해지는 약물 처방이나 치료를 반대하는 입장은 아니다. 주의력 결핍 장애를 가지고 있던 학생들 중 약물 치료로 상태가 호전되는 경우도 있다. 하지만 주의력 결핍 장애 진단이 내려진 학생들의 증상이 다 똑같지는 않다. 그들이 배우는 법을 다룰 수 있게 되고, 자신만의 학습 방법을 인식하고 경험하면 그들은 선생님이 남겨 놓은 모자란 부분을 채울 수도 있다.

인간은 세 가지 학습 통로 ― 시각적Visual, 청각적Auditory, 운동감각Kinesthetic ― 로 새로운 정보를 받아들인다. 대부분은 이 가운데 한 가지가 우월하고 나머지 두 부분은 그에 비해 약하다.

시각적인 것을 통해 배우는 사람들은 그림을 보고, 색상표, 차트나 그래프 보는 것을 좋아한다. 그들은 주로 읽는 것을 잘한다. 그들은 말할 때 시각적인 단어인 '~처럼 보인다.' '사진,' '그림,' '시각' 같은 단어들을 자주 사용한다. 또한 그들은 맨 앞줄에 앉아서 선생님과 칠판 보는 것을 좋아한다. 그리고 필기를 중요하게 생각하는 반면 가끔 구두 강의를 놓치곤 한다.

청각적인 것을 통해서 배우는 사람들은 소리와 관련된 '~처럼 들려,' '억양,' '리듬,' '알림음,' '음악' 같은 단어들을 좋아한다. 그들은 선생님이 말하는 모든 것을 거의 머릿속에 넣고 있지만 자주 다른 곳을 바라본다. 그들은 종종 선생님이 방금 했던 유형의 질문을 그대로 다시 입으로 되새기곤 한다. 이는 입으로 되새기며 뇌에 정보를 정리하는 과정이다. 하지만 선생님은 그들이 하는 것을 이해하지 못하고 "그게 방금 내가 말한 질문이잖아. 너 내 말을 듣고 있긴 하는 거니?"라고 묻는다.

운동 감각을 통해서 배우는 사람들은 감정과 움직임으로 배운다. 그들이 매력적으로 느끼는 단어들은 '기분,' '감각,' '다루다,' '하다,' '직관력' 등이 있다. 그들은 충만한 느낌, 감정적으로 연결됨을 원하고, 움직여서 배우는 것을 좋아한다. 다른 사람들은 가만있지 못하는 그들에게 산만하다고 짜증을 낼 수도 있다. 하지만 그들에게 가장 좋은 방법은 움직이면서 몸으로 익히는 것이다.

그렇다면 자신이 어떤 유형의 사람인지 알 수 있는 방법은 무엇일까? 유형을 알 수 있는 테스트도 있지만 자신이 교실에서 어떻게 행동하는지를 알면 자신이 어떠한 방법으로 받아들이는지 쉽게 알 수 있다. 그리고 자신이 어떻게 표현하는지에 집중해 보면 알 수 있다. 만약 '무슨 뜻인지 봐,' '사진 찍어 정리할래'라는 말을 자주 한다면 시각적 학습자일 가능성이 높다. 만약 '그건 ~것처럼 들려,' '익숙한 말인데'라는 말을 많이 한다면 청각적인 것을 통해 배우는 사람일 가능성이 높다. 만약 '이해했어,' '문제가 파악됐어,' '느낌이 왔어,' '당장 해 볼래'라는 말들을 자주 쓴다면, 아마 운동 감각 학습자일 것이다.

시각 학습자들은 교실에서 자리에 앉을 때 선생님이 바로 보이는 곳에 앉는 것이 도움이 된다. 배우기 전에 먼저 한 번 읽어 보는 것도 좋은 방법이 될 수 있다. 이 경우에 많은 색과 그래픽, 이모티콘 등을 노트 필기에 사용하면 더 많은 정보를 얻을 수 있다.

청각 학습자들은 강의 노트를 소리 내어 읽음으로써 학습에 추진력을 얻을 수 있다. 그리고 그들이 무언가를 시도하기 전에 구두로 설명해 주면 학습에 도움이 된다. 또한 가족들이나 친구에게 이해한 것을 설명하게 하는 것도 좋은 방법이 될 수 있다.

운동 감각 학습자들은 다른 사람에게 설명하기 전에 그들 스스로 해 보는 것을 선호한다. 감정도 그들에겐 중요한데, 수업에 대한 좋은 감정과 움직이며 배우는 기술이 합쳐지면 학습에 더 큰 도움이 된다.

졸리는 고등학교 내내 자신이 공부하기에 부족한 아이라고 생각했다. 그녀는 글쓰기를 할 때마다 자신의 생각을 글로 옮길 수가 없었다. 그녀는 선생님들이 자신을 포기하는 것에 익숙했다. 그러던 차에 국어 선생님이 부모 세대와 학생 세대의 차이점에 대한 보고서를 써오라고 했다. 선생님은 졸리를 이끌어 주기 위해 "이번 보고서는 네가 원하는 방법대로 표현해 봐. 모든 것을 글로 쓰지 않아도 돼. 만화로 표현해도 되고, 사진으로 표현해도 되고, 기념품을 수집한 것을 사용해도 좋아. 네가 그 주제를 표현할 수 있다면 어떤 방법이든지 써도 돼"라고 말했다. 생각을 글로 옮기는 것이 힘든 졸리는 글쓰기 과제를 처음으로 자신의 학습 통로를 충분히 활용해서 참여할 수 있었다. 그녀는 자기 친구와 부모 사이의 상호작용을 찍은 사진과 어른 세대와 십대 세대의 여러 사연들을 그린 만화를 통해서 삶의 재료로 찾는 등 여러 시각 자료들을 정리했다. 선생님은 졸리의 보고서가 우수해서 학교 신문에 실릴 것이라고 했다. 졸리는 시각적 학습 기능을 활용한 것이다.

　자신이 형편없는 학습자라고 생각하는 아이들은 자신에게 맞는 학습 통로를 찾을 때 매우 효율적으로 배울 수 있다. 많은 사례에서 입증되었듯이, 그들은 배우는 것에 재능이 없는 것이 아니라 그들을 가르치는 방법과 그들이 배우는 방법이 서로 맞지 않는 것이다. 아이들이 이러한 사실을 알게 된다면, 자신의 학습 환경에서 무엇을 놓쳤는지 생각해 보고 다시 한 번 도전해 볼 수 있다.

 자신의 지식이 되는 노트 필기법

많은 청소년들이 학업에서 뒤처지는 이유 중 하나는 그들이 활용도가 높은 노트를 만드는 데 문제가 있기 때문이다. 어떤 학생들은 선생님이 말하는 모든 것을 적어야 한다고 생각한다. 그들은 수업 내내 미친 듯이 모든 것을 필기하지만 여전히 뒤처진다. 혹은 수업의 전체적인 내용을 놓치고 중요하지 않은 세부 사항에 집중하곤 한다. 제대로 된 필기를 하는 학생들도 있다. 하지만 그들 또한 그 정보들을 어떻게 받아들여야 하는지를 놓치는 경우가 많다. 그들은 바로 다가오는 시험에서는 우등생이 될 수 있지만, 그들이 얻는 유일한 것은 죽은 정보들뿐일 것이다.

노트 필기는 공부하는 것과 비슷하다. 많은 이들이 해야 하는 것이라고 생각하지만, 어떻게 해야 하는지는 배운 적이 없다. 아이들은 노트 필기가 지루하다고 생각하거나 부정적인 태도를 취하기도 한다. 하지만 그렇게 생각하지 않아도 된다. 언젠가 그들은 생각하는 습관을 갖고 노트 필기의 목적이 그저 자신에게 전해진 정보를 기록하며 기억하기 위한 것임을 알게 된다. 그렇게 하기 위하여 노트는 자신이 내용에 대해서 어떻게 생각하는지를 적을 수 있는 공간이어야 한다.

캠프 참가자들은 'Note TM'이라는 방법을 통해 노트 필기법을 개발할 수 있다. TM은 받아 적고(Taking) 만드는 것(Making)의 약자다. TM 방법을 적용하기 위해서 노트의 3분의 2를 세로로 나눈다. 세로

줄 기준으로 왼쪽은 받아 적는 노트이고 오른쪽은 만드는 노트가 되는 것이다. 왼쪽 노트에는 정보들을 기록하고 오른쪽에는 배운 것에 대해서 자신의 생각, 느낌, 관련된 것들을 적는다. 우리는 아이들에게 색과 간단한 기호들을 사용하도록 권하는데, 이것은 그 노트가 개인적이고 재밌다는 느낌이 들게 하기 위해서다.

이런 방법의 노트 필기는 영향력이 있다. 이는 상호작용 때문인데, 일반적으로 사람들은 내용에 자신의 감정을 이입시켰을 때 가장 잘 배울 수 있다. 청소년들의 교육은 수동적인 학습자가 되는 것보다 능동적인 학습자가 되는 방법을 찾을 때 잘 이루어질 수 있다.

 휴식을 활용하라!

우리는 휴식을 좋아한다. 우리는 프로그램 중간중간 많은 휴식을 취하는데, 그것은 우리가 배우는 과정에서 휴식의 중요성과 역할을 잘 알고 있기 때문이다. 적절한 간격으로 휴식을 취하는 것이 학습에 도움이 된다는 것을 알고 있는가?

우리는 강의의 처음과 마지막에 내용을 제일 잘 받아들인다. 그래서 우리가 배우는 시간을 더 많은 덩어리로 쪼갤수록, 더 집중할 수 있는 순간들을 우리 스스로 조절하는 것이 된다.

짧은 휴식을 공부 계획에 넣을수록 생기 있는 상태를 오래 유지할 수 있다. 주위를 걷거나, 제자리 뛰기를 하는 등 잠시 환기시키는 것만으로도 학습 시간을 좀 더 집중력 있는 상태로 유지할 수 있게 한다.

마인드맵: 논리적 좌뇌와 창의적 우뇌를 함께 활용하라

공부의 목적은 단지 기억 창고에 사실들을 밀어 넣는 것이 아니고 우리 뇌가 배운 정보를 받아들이게 하기 위한 것이다. 공부는 배운 내용을 사용 가능하고, 의미 있으며, 검색할 수 있는 형태로 만들어 놓는 것이 목적이다. 학생들은 무미건조하게 사실들을 외우는 것이 아니라 정보를 다양하고 재밌는 방법들로 다루며 공부할 수 있다.

능동적인 학습자가 뇌로 정보 처리를 할 수 있는 방법은 수만 가지가 있다. 캠프 참가자들이 가장 좋아하는 방법 중 하나는 마인드맵핑이다. 마인드맵Mind Map은 1960년대 토니 부잔Tony Buzan이 개발한 방법인데, 이는 그리고 색을 입히고 창의적인 생각을 발전시켜 나가는 것이다. 이 방법은 우리가 배운 것들에 대해서 더 깊게 생각하게 만드는데, 이는 뇌의 양쪽 모두를 작용하게 만들고 우리가 배운 것에 대해서 큰 목표를 볼 수 있도록 만들어 주기 때문이다. 마인드맵은 어떻게 하는가? 일단 세로로 긴 종이를 준비한 다음에 주제를 대변할 수 있는 한 가지 단어나 상징물 하나를 써넣는다. 그다음 주제로부터 가지를 뻗어 중요한 개념을 한 가지씩 적어 넣는다. 그리고 상징물이나 색을 이용할 수 있는 곳에는 모두 이용한다. 마인드맵은 과제를 정리하거나 시험을 위해 공부하거나 계획을 세울 때 사용하기 좋은 방법이다. 사람들은 이것을 파티를 계획하는 일에서부터 문제를 해결하는 일에까지 사용해 왔다.

아이들은 수업에서 어떻게 해야 하는지 알았을 때 더 잘 배울 수 있게 된다. 자신의 수업을 잘 다루는(예를 들어서 정보를 활용하고, 뒤집어서 생각해 보고, 다른 맥락에 넣어 보고) 사람들은 배운 것을 훨씬 잘 사용할 수 있다.

슈퍼캠프 졸업생인 제임스 오노키는 마인드맵이 학교 생활의 전환점이 되었다고 했다. 시각적인 요소들은 그가 큰 목표를 볼 수 있게 했고, 그림들과 색으로 표시한 부분들은 창의적인 활동을 할 수 있게 했다고 한다. 이 두 가지가 합쳐져 오랜 기억으로 저장된다. 어느 날 학교 숙제는 그에게 일방적인 것이 아니라 상호작용적인 경험이 되었다. 그의 성적은 올랐고 관심사도 다양해졌다. 그는 자신이 하기로 한 일과 배우는 것에 대해서 많은 자신감이 생긴 것을 발견했다. 각자의 스타일에 맞는 학습 방법은 학생들과 수업 사이의 간격을 좁힐 수 있다.

 ## 창의적 사고: 아이디어를 확장하고 집중해라

창의적 사고는 닫힌 마음에서는 떠오르지 않는다. 우리는 캠프 참가자에게 창의적인 문제를 해결하기 위해서는 자신을 활짝 열고, 어떠한 것도 단정 짓지 말며 생각을 확장하고, 가능성을 열어 두라고 격려한다.

창의적 사고를 하기 위한 최선의 방법은 최대한 많은 아이디어를 모으는 것이다. 이를 위해 캠프 참가자들은 커다란 신문지, 컬러 마커펜 그리고 엄청난 열정을 갖고 활동에 뛰어든다. 가끔 제기차기도 하고 스카프로 저글링을 하기도 한다. 아이들이 아이디어를 내놓으면, 우리는 최대한 단정 짓지 않기 위해서 노력한다. 아무리 어리석거나 비현실적이어도 다 허용한다. 그저 한번 던져 보고 무슨 일이 일어나는지 지켜본다. 우리는 이것을 확산적 사고라고 한다. 아이들은 이를 그저 재미있는 놀이라고 생각한다.

여러 가지 엄청난 아이디어들을 모으면, 가장 괜찮은 하나가 남을 때까지 좁혀 나갈 수 있다. 우리는 이것을 집중적 사고라고 한다. 창의적 사고는 두 과정 사이에 있는 것인데, 확장하고 집중하다 보면 문제에 대한 새로운 접근 방식을 개발한다. 우리는 이 전체 과정을 '착 붙은 생각'이라고 한다. 이것은 가장 괜찮은 아이디어를 고르고 그것을 행동으로 옮기기까지의 과정이다. 우리는 십대들이 창의적 사고를 하기 위한 몇 가지 방법을 갖고 있는 것이 자신감을 갖는데 굉장히 도움이 된다는 것을 안다. 그 자신감은 엄청난 차이를 만든다.

 기억력 향상을 위한 방법

많은 아이들은 공부하는 데, 자신의 기억력이 제대로 작동하지 않을까 봐 걱정한다. 하지만 이것은 훈련의 문제다. 기억력 향상을 위한 여러 가지 방법들이 있지만, 학교는 아이들이 기억력 훈련을 할 수 있도록 많은 도움을 주기엔 시간이 부족하다.

불충분한 기억력에 대한 두려움은 자기 실현적 예언이 된다. 많은 사람들이 자신의 기억력에 대해서 걱정할수록, 그들은 기억해야 하는 정보에 대해 집중하지 않게 된다. 우리는 아이들에게 그들이 얼마나 해낼 수 있는지를 알게 하고 정보를 뇌에 저장하는 방법들을 터득하도록 돕는다. 우리는 리듬과 노래, 이야기, 색, 냄새, 사람, 동물을 연상하여 활용하기도 하고, 방 주변에 위치한 물건들을 사용하거나 또는 영화 속 캐릭터들을 활용하기도 한다. 최종 목표는 정보에 가장 큰 영향을 줄 수 있는 창의적인 아이템을 찾는 것이다.

우리가 정보를 기억하기 위해 찾은 가장 좋은 방법 중 하나는 아이들에게 말도 안 되는 이야기를 들려주는 것이다. 때때로 우리는 이 이야기가 무엇을 의미하는지에 대한 아무런 사전 설명 없이 다음과 같은 이야기를 들려준다.

어느 날 배가 너무 고파서 델리(Delaware) 샌드위치 가게로 들어갔어. 샌드위치를 시켰는데…… 아니 글쎄 이 샌드위치에 펜슬(Pennsylvania)이 꽂혀서 나오는 거야! 그래서 나는 "웩!"하고 소리치고 샌드위치를 창문 밖으로 던져 버렸어.

그런데 그 샌드위치가 창문 밖에 있던 어떤 남자의 (운동 선수들이 입는 선수복인) 오렌지 저지(New Jersey)에 떨어졌어. 미안한 마음에 사과하러 쫓아 나갔는데 그 남자가 "이런 조지(Georgia) 같은! 네가 내 저지를 망가뜨렸잖아!"라고 소리치는 거야.

그래서 나는 재빨리 도망쳤어. 근데 그 남자가 나를 못 쫓아오는 거야. 알고 보니 발이 금이 간 보도블록에 연결(Connecticut)되어 있었더라고.

나는 잡히지 않으려고 근처에 있는 가톨릭 성당의 미사(Massachusetts)에 갔다가 그 옆에 있던 메릴린(Maryland)의 레코드 가게에 들어갔지. 그 가게에선 남부 지방의 캐롤(South Carolina)이 흘러나오고 있었어.

그 음악이 나오자 갑자기 땅바닥이 열리더니 수백 마리의 아기 햄스터(New Hampshire)가 기어 나오는 거야! 걔네들이 나를 들어 올리더니 웃샤웃샤하며 버지니아(Virginia)란 이름을 가진 여자 아이들이 하프를 연주하는 숲으로 데리고 갔어.

그 숲은 너무나도 평화로웠어…… 뉴욕(New York) 양키 선수들이 나무 뒤에서 야구 방망이를 흔들며 나오기 전까지 말야. 어! 그 야구선수들이 야구 방망이로 공을 쳤는데 그 공에 내가 맞고 말았지.

나는 곧바로 병원으로 옮겨졌어. 그곳에서 나는 나를 보살펴 줄 수 있는 북쪽 케어 라인(North Carolina)에 줄서서 기다렸어. 치료를 받고

다 나왔을 때 나는 차도로 뛰어들어 도로 중간에 있는 도로 섬(Rhode Island)으로 들어갔어.

그 섬에서 잠깐 쉬다 밑을 보니 내 발밑에 역겨운 해충(Vermont)이 스멀스멀 기어 올라오지 뭐야? 그걸 본 난 소리를 질렀어. "이런 쥐 같은!Oh Rats!(Ratification승인했다)"

아이들은 두 번만 반복해도 이런 이야기를 쉽게 외울 수 있다. 우리는 이 이야기를 나누면서 중요한 단어는 함께 크게 외치기도 하고 눈에 보이듯 동선을 따라 이야기를 설명한다. 말도 안 되게 이상하기도 하지만 쉽게 외워지는 것은 아이들에게 생생한 그림을 그려줬기 때문이다. 아이들이 이 이야기를 외운 후에서야 우리는 사실을 알려준다. 이 이야기는 처음 미국 헌법을 승인한 미국의 14개주를 뜻하며 승인을 한 순서라고 말이다.

이러한 암기 방법은 효과가 있는데, 이는 우리의 창의적인 우뇌에 엄청난 영향을 주기 때문이다. 우리는 라임, 몸 동작, 색채, 이미지, 지역성, 감각적 경험, 감정 등을 정보에 첨부한다. 이러한 하나 이상의 연결은 우리 머릿속에 기억을 고정시킨다. 우리는 뇌의 한 부분 이상을 작동시키기 위해 시각적, 청각적, 운동 감각 등을 이용한다. 이러한 방법은 기억하는 것을 가능하게 할 뿐 아니라 동시에 재미까지 준다.

아이들이 자신의 가능성에 대해 실감할 때, 그들의 자신감은 하늘로 치솟는다.

 복습은 장기간 기억할 수 있게 하는 지름길이다

"번호로 여는 금고 앞에 있다고 상상해 보자. 금고 안에는 공부를 더 쉽고 빠르게 할 수 있는 마법 같은 방법이 들어 있지. 하지만 안에 있는 것을 얻으려면 자물쇠를 열 번호 조합이 필요해. 자, 이제 손을 뻗어서 금고 문에 있는 번호 다이얼을 잡는다."

정보에 대한 것을 상상하며 몸짓으로 직접 표현하는 것은 정신력을 훨씬 강하게 유지시킨다.

"우선 다이얼을 숫자 10이 되도록 돌려 봐."

캠프 참가자들은 죽 뻗은 손을 자신의 오른쪽으로 돌린다.

"됐어, 그 다음 다이얼을 숫자 24가 보일 때까지 왼쪽으로 돌려 봐."

아이들은 그대로 따랐다.

"그리고 마지막으로, 숫자 7이 보일 때까지 왼쪽으로 돌려 봐."

아이들은 다이얼을 돌렸다.

"자 이제 딸깍하고 자물쇠가 열리는 소리가 들릴 거야. 금고의 문이 열리고 그 안에 상품으로 짧은 시간에 공부를 더 잘하는 능력이 있다고 상상해 봐. 여러분은 자신이 원하는 때 언제든지 이 금고 안에 들어갈 수 있어. 하지만 숫자 조합을 기억해야 돼. 코드가 뭐였는지 기억나니?"

아이들은 "10, 24, 7"이라고 소리쳤다.

바로 그거다. 숫자 10은 10분을 의미한다. 24는 24시간을 의미한다. 7은 7일을 의미한다. 우리는 이 숫자들이 새로 학습한 정보를 복습하는데 가장 좋은 시간이라는 것을 배운다. 우리가 새로운 정보를 접했을 때, 새로운 정보를 뇌의 장기적인 기억 창고에 저장하기 위해서는 배운지 10분 안에 한 번 복습하고 그다음엔 24시간 안에, 그다음 복습은 7일 안에 하는 것이 가장 좋은 방법이다.

적절한 시간 안에 배운 내용을 복습하는 것은 결과적으로 공부 시간을 줄여 준다. 즉 이러한 복습은 학습한 내용을 장기간 기억 창고에 저장하는데, 이것은 단지 시험을 보고 끝난 뒤 없애버리는 단기 기억이 아니고 그 주제에 대해서 정말로 배우게 해 준다. 또 이 방법은 친구들과 함께 어울릴 시간을 늘려주면서도 여전히 시험에서는 우수한 성적을 받을 수 있게 한다.

 무엇보다 스스로 공부를 즐겨야 한다

슈퍼캠프의 모든 프로그램은 Funderstanding(Fun+Understand)이라는 패러다임에 기초해 이루어진다. 이는 아이들 스스로 재미(Fun)을 느끼고 이해(Understand)하도록 하는 것이다. 프로그램은 신나고 창의적으로 구성되어 있어 아이들에게 잠재된 무한한 능력을 끌어내게 해 준다.

십대들이 매우 어렸을 때는 모두 알았을, 하지만 지금은 기억하지 못하는 사실이 하나 있다. 배움은 즐거운 일이라는 것이다. 우리가 하는 모든 일에 재미있는 것들이 섞여 있다고 확신하지만, 배움은 특히나 더 그렇다.

십대들이 안전지대 밖으로(우리가 도전지대라고 부르는 곳으로) 처음 발을 내딛을 때, 그것은 아마 두렵고 불편하고 당황스럽고 도전을 받는 일이다. 이는 절대 지루하지 않다.

"지루함," 강사가 말했다. "이것은 제대로 배우고 있지 않다는 증거다."

학생들이 과제에 대해 "준비됐어. 다 가져와!"라는 자세를 가진다면, 과제가 어렵고 도전해야 하는 것임에도 불구하고 충분히 재미있고 흥미로운 것으로 만들 수 있다. 그 재미는 어려운 도전을 극복하거나 가치 있는 일을 이루면서 갖는 스릴에서 왔다. 이것이 학습자의 태도다.

만약 여러분이 지루함을 느낀다면 배우지 않고 있기 때문이다. 만약 여러분이 배우고 있다면 아마 즐거움을 느낄 것이다. 배움에 있어서 첫 번째 요소는 재미다. 배움에 뛰어들 때 대담함과 열정을 동기로 삼아라. 이것은 자신감과 학습 방법을 개발할 수 있는 기회를 준다.

한 슈퍼캠프 졸업생은 "나는 내가 당당해지고 어떤 도구를 사용할지 알게 되었을 때, 학교와 삶에서 이길 수 있다는 것을 배웠다"고 말했다.

- 대부분의 아이들은 학업을 어려워하고 그에 따른 많은 심리적 부담감을 갖는다. 아이들이 배우는 즐거움을 갖는다면 이 문제는 쉽게 풀린다. 그렇다면 어떻게 해야 아이가 공부를 즐겁게 할 수 있을까? 우선 아이가 자신에게 맞는 학습법을 가져야 한다. 이를 통해 아이는 스스로 동기를 부여하고 자기 주도적으로 공부하게 된다.

- 좋은 성적을 받는 것이 교육 목표는 아니다. 물론 뛰어난 성적은 좋은 학교를 가기 위해 중요하다. 하지만 유망한 아이들이 너무 성적에만 관심을 갖다보면 배움의 본질, 즉 공부의 즐거움을 놓칠 수 있다. 또 자신이 배운 지식을 창의적으로 다룰 수도 없게 된다. 부모는 아이가 배움의 즐거움을 잃지 않도록 공부에 있어 필요한 것이 무엇인지 스스로 탐구할 수 있도록 도와줘야 한다. 아이의 이야기를 들어주고 이해해 주며 스스로 해결할 수 있도록 기다려주는 것만으로도 큰 힘이 될 것이다.

- 아이들이 공부에 책임감을 지닐 때 배움의 즐거움과 도전하는 자세를 갖게 된다. 책임감을 갖는 것만으로도 아이는 좀 더 몰두하게 되고, 열의를 갖게 되고, 스스로 일깨우게 된다. 아이가 책임감을 갖고 '할 수 있다'는 태도를 취하고 자신에 맞는 학습법을 적용한다면, 학업을 성공적으로 해낼 수 있다.

- 어떤 일에 대해 적극적으로 나서서 성취한 다음에 생기는 것이 자신감이다. 아이들은 작은 것에서부터 시작해서 작은 성공을 이루고 경험을 쌓아 나아가다 보면 점점 큰 성공에 도전할 수 있다. 아이가 작은 성공을 거둘 때마다 부모가 지지해 준다면 아이는 좀 더 자신감을 갖고 큰 성공을 이루게 된다.

- 공부에 도전하는 태도, 자신의 학습 능력에 대한 믿음, 공부에 몰입하는 것을 아이가 갖춘다면 학업을 성공적으로 성취할 수 있다.

● 사람마다 지식/정보를 받아들이는 학습 통로 ― 시각, 청각, 운동 감각 ― 가 다르다. 아이가 자신의 학습 통로를 안다면 효과적으로 공부할 수 있다. 아이가 배우는 방법과 학교에서 가르치는 방법이 맞지 않아 학습에 뒤처지는 경우가 많다. 아이가 자신에 맞는 학습 통로를 찾을 수 있게 학습 환경을 살펴봐야 한다.

● 학습 효율을 높여 주는 방법을 익히면 아이의 학습 능력이 증진된다. (1) 노트 필기를 할 때는 가르치는 내용을 받아 적는 부분과 자신의 생각이나 느낌을 적는 부분을 만들어 활용한다면 내용을 훨씬 이해하기 쉽다. (2) 공부 중간중간에 하는 짧은 휴식은 생기 있는 상태를 오래 유지할 수 있다. (3) 논리적 좌뇌와 창의적 우뇌를 함께 활용(마인드맵)하면 학습 효과를 높일 수 있다. (4) 기억력을 향상시키기 위한 방법으로 암기할 때 단순히 내용만을 반복하는 것보다 색채, 이미지, 몸동작, 감정 등을 정보에 첨부하면 머릿속에 오래 저장할 수 있다. 또한 적절한 시간 내에 학습한 내용을 복습하면 강력한 장기 기억으로 바뀐다.

● 급변하는 현대 사회에서 창의적 사고는 무척 중요하다. 아이가 창의적인 사고를 기르면 문제 해결력을 갖게 되고 이는 자신감을 불어넣는다. 그 자신감은 아이의 미래를 성공적으로 이끈다.

CHAPTER 7

집중력은 강력한 학습 도구다

나에겐 주의력 결핍 장애를 가진 정말 밝은 아들 데이비드가 있다. 나는 이 멋진 아이를 아무도 이끌어 주지 못한다는 사실에 좌절했다. 우리는 치료도 해 보고, 상담도 해 보고 할 수 있는 모든 것을 다 시도해 봤다. 데이비드는 인생에서 중요한 시점에 있었다. 그는 잡음과 중요한 것을 구분하고 혼란스러운 부분을 관리할 수 있는 도구가 필요했다. 그는 자신이 안전해지려면 교실에서 광대 같은 존재가 되어야 한다고 생각하는 것 같았다.

"우리 애는 똑똑해요. 그저 집중하는 방법을 모를 뿐이죠."
"우리 아이는 오직 자신이 관심 있는 과목만 공부해요."
"그 애는 모든 말을 다 한 귀로 듣고 한 귀로 흘려보내요."
"아이가 학교 과제는 지루하다고 해요. 당연히 지루하겠죠. 학교는 학교고 즐거움을 주려고 있는 곳이 아니잖아요!"
"우리 아이 머리는 마치 체같이 다 걸러내요. 책을 읽으면 아무 내용도 기억하지 못해요."

우리는 자녀들이 어떠하다고 불만스러워하는 부모의 말을 자주 듣는다. 부모는 자녀가 훨씬 더 잘 할 수 있다고 믿지만, 아이들은 아무것에도 집중할 수 없는 것처럼 보인다. 부모에게 아이의 집중력 부족은 정말 화가 나는 일이다. 왜냐하면 이는 마치 아이들이 반항하는 것처럼 보이기 때문이다. 특히 아이들이 집중할 수 없는 것처럼 보이는 것은 매우 걱정되는 일이기도 한데, 학습 능력이나 정신적인 장애가 원인일 수도 있기 때문이다.

왜 많은 청소년들은 집중하는 것을 어려워할까?

주의력 결핍 장애 같은 의학적으로 치료를 받아야 할 질병들이 있다. 하지만 집중하는 데 어려움을 겪는 아이들 중 대부분은 의학적인 이유가 아니다. 그들은 간단한 몇 가지 기술을 놓치고 있기 때문에 어려움을 겪는 것이다. 대부분의 아이들이 집중하지 못하는 것은 어떻게 집중하는지를 모르기 때문이다! 심지어 집중력에 문제가 있다고 의학적으로 진단받은 아이들도 몇 가지 중요한 기술을 습득하면 상태가 좋아질 수 있다. 집중하는 것은 배워야 한다. 많은 이들이 준비, 계획하기, 의사 결정을 위한 기본 기술을 배우지 못했다. 그래서 그들은 익숙하지 않은 내용이나 새로운 정보에 접근하는 방법을 모른다. 이를 조정하는 시간이 필요하다. 또 아이들이 무엇을 할 수 있을까?

십대들은 어떤 일이나 사물을 어른들이 보는 것과 다르게 바라본다. 이는 아이들의 경험이 부족해서라기보다는 그들의 뇌가 어른들과 다르기 때문이다. 그들은 추상적인 사고에 대한 수용력이 아직 충분히 발달하지 못했다.

아이들은 경험이 있는 어른들의 도움이 필요하다. 왜냐하면 어른들은 아이들의 능력을 향상시킬 도구를 제공해 줄 수도 있고, 그들이 해낼 수 있다고 믿어줄 수 있기 때문이다. 제일 중요한 것은 그들이 앞으로 겪을 일들을 예측할 수 있기 때문이다. 자녀에게 어떠한 일이 생겼을 때, 부모들은 이를 잘 해결하고 싶어 한다. 문제는 부모들이 서둘러서 자녀들의 고뇌를 끝내 버리기 때문에, 아이들이 파악할 시간조차 없는 경우가 종종 일어난다는 것이다.

아이들이 지루하다고 말하는 것은 그들이 정말 무언가를 말하려고 하는 것이다. "왜 내 아들이 지루해 할까? 어땠기에?"라고 부모가 바로 물어주길 바라는 것이 아니다. 아이들이 겪은 일을 자세히 살펴보면 그들을 도울 수 있는 최선의 방법을 알아낼 수 있다.

일반적으로 집중력 부족은 흔히 일어나는 문제다. 하지만 집중력이 부족하면 아이의 자신감에 심각한 영향을 줄 수도 있다. 집중하지 못하는 아이들은 몰두하는 데 있어서 자주 문제가 생기고, 생각이 멈추고, 결정을 하거나 계획하는 데 혼란스러워져 멍해 있거나 그것에 대해서 어떻게 해야 할지 모른다.

아이들도 집중력 부족에 대해 부모만큼이나 혼란스러워할 수 있다. 아이들은 자신들이 하는 일에 어떻게 정신을 집중해야 하는지 모르기 때문이다.

청소년들은 자신에 대한 태도를 바꾸고 몇 가지 기본적인 집중력 기술을 배움으로써 주의력을 기를 수 있다. 아이들 스스로 학습에 집중하고 관심을 가진 상태를 유지시키는 방법을 개발하면 더 많은 것을 배울 것이다. 이것은 당연한 것처럼 보이지만, 사람들은 쉽게 간과한다.

자존감은 집중력을 강화시켜 준다

사라는 집중할 수가 없었다. 선생님은 중요한 것들을 계속해서 말했지만 기억할 수가 없었다. 수학과 과학 점수는 떨어지기 시작했다.

3학년 때 사라는 그녀처럼 자신의 열정을 표현하는 것이 느린 학생에게 인내심이 없는 선생님을 만나게 되었다. 그녀는 선생님의 기대에 부응하기 위해서 열심히 노력했다. 하지만 시험 결과는 좋지 않았으며, 선생님은 그녀가 해 온 과제가 형편없다고 꾸짖었다. 그래서 그녀는 자신이 멍청해서 배울 수 없다고 생각하게 되었다. 사라는 부끄러웠고 수치심이 들어서 부모님께도 이 사실을 말하지 않았다. 학년이 끝나갈 무렵, 그녀의 부모는 형편없는 점수에 놀라서 사라를 심리학자에게 데리고 갔다. 심리학자는 주의력 결핍 장애라는 진단을 내렸으나, 그녀는 여전히 자신이 멍청하기 때문이라고 믿었다. 자신에 대한 신뢰는 산산조각나 버렸다.

사라의 아버지는 자존감을 키우는 데 혹시 도움이 될지도 모른다는 생각에 그녀를 슈퍼캠프에 보냈다. 캠프가 끝나고 집으로 돌아왔을 때 사라는 빛나고 있었다. 그녀는 스스로가 멍청하다고 되새기는 것을 반복하고 있었다고 아버지에게 말했다. 그것은 사실이 아니라 부정적인 생각이었고 그것이 그녀로 하여금 스스로를 멍청하다고 믿게 만들었다.

이후 사라의 수학과 과학 성적은 높게 상승했다. 자신에 대한 믿음이 배움에 대한 장애물을 극복할 수 있게 했다. 그녀는 현재 거침없이 공부하고 있다.

 ## 자신에게 어떤 유익이 있는지를 알 때 집중력이 강화된다

케이티라는 산만한 캠프 참가자가 있었다. 초반에 그녀는 계속 포기하고 집에 가고 싶어 했다. 우리는 그녀가 포기하고 싶다는 생각을 할 시간이 없도록 많은 도전을 주었다. 아홉 번째 밤, 새로 배운 방법들을 학교 생활에 적용하는 내용을 담은 상황극을 진행하고 있었다. 훼방꾼 역할을 맡은 세 명의 팀 리더가 그녀를 방해하고 산만하게 만들기 위해서 재밌는 것을 하자고 제안했다. 케이티는 완강하게 말했다. "지금 집중해야 돼. 난 명예롭게 캠프를 졸업하고 싶거든. 난 시간이 없어." 케이티는 WIIFM(나에게 어떤 유익이 있지?What's In It For Me) 방법을 적용해 집중력을 기를 수 있었다.

자신에게 어떤 유익이 있는지를 아는 것은 우리가 하는 거의 모든 일의 강력한 동기 부여가 된다. 십대나 성인 모두 자신에게 유익이 클 때 그만큼 많은 일들을 잘 해낼 수 있다. 즉 나에게 어떤 유익이 있을지를 아는 것은 가장 강력한 그리고 즉각적인 영향을 준다. 불확실한 미래가 아닌 지금 바로 즐거움을 얻을 수 있다. 또한 긍정적인 태도를 갖게 된다. 우리는 고통을 피하려 하기보다는 즐거움을 얻기 위해 동기를 스스로에게 부여한다.

만약 아이들이 세계 각국의 수도를 외워 다음 주에 시험을 봐야 한다고 가정해 보자. 아이들은 어떤 생각을 할까? 새로운 과제를 받았을 때, 머릿속에는 다 같은 생각이 떠올랐을 것이다. '나에게 어떤 유익이 있지?' 이 질문이 의식되지 않을 수 있지만, 이 질문은 분명 머릿속에 있다.

위와 같은 상황에 있는 대부분의 아이들은 "시험에서 통과할 점수를 얻는 것"이 자신에게 유익하다고 답할 것이다. 이것이 어떻게 동기 부여가 될까? 어른들은 여기에 무언가를 덧붙이고 싶은 강한 욕구를 느낄 것이다. "이것은 네 미래를 위한 일이야. 네가 이 과제를 얼마나 잘 해내느냐에 따라 대학 진로에 큰 영향을 미칠 수 있어." 어른들이 하고 싶어 하는 말도 물론 맞다. 하지만 아마 아이들에게는 이 말이 와 닿지는 않을 것이다.

아이들 자신에게 부여된 동기가 오직 '언젠가 도움이 될 거다'라는 것뿐이면 각국의 수도를 외우는 데 엄청난 집중을 하지는 않을 것이다. 하지만 자신에게 유익한 것이 즉각적인 결과를 가져오고 강력하다면, 그들은 이를 외우는 일에 몰두할 것이다.

내적 동기, 즉 내면에서 생기는 동기는 가장 강력한 것이다. 아이들에게 동기를 더 가지라고 말하는 것으로 그들에게 동기를 부여할 수는 없다. 대신 우리는 아이들로 하여금 학업을 성공으로 이끄는 WIIFM 방법을 활용하게 할 수 있다. 아이들은 새로운 무언가를 배우는 엄청난 기분과 달성하는 것의 짜릿함을 느끼게 될 것이다.

우리는 이미 아이들이 이룬 작은 성공을 활용하여 이 작업이 이루어질 수 있도록 한다. 그리고 거의 모든 아이들은 이미 몇 가지를 성공한 경험이 있다. 우리는 그들에게 이전의 성공을 상상해 보라고 한 뒤 그들에게 이렇게 묻는다. "기분이 어땠어?" 그들은 자신감이 넘쳐 보인다. 성공을 경험하는 것은 기분 좋은 일이다. 이는 흥분을 안겨 준다. 우리는 그들이 그 순간을 자축하도록 돕고 그러한 힘을 활용한다. 앞에서 그들은 이전의 성공으로 어떻게 새로운 성공을 만들지 배웠다. 이제 불꽃은 점점 더 밝아진다. 처음에 그들이 성공하는 게 어떤 기분인지 알게 되었을 때, 그들은 이미 시작한 것이다! 성공을 향한 돌진은 더 많은 유익을 준다. 그것은 아이들이 똑바로 앉아서 집중하고 학업에 열중할 수 있게 될 만큼 강력한 동기를 부여한다.

또한 나에게 어떤 유익이 있는지 고민한 경험이 많을수록 더 많은 노력을 하게 된다. 학교에 집중하게 될수록, 아이들은 더 깊게 참여하게 된다. 즐길 수 있는 일에 집중하고, 이러한 것들을 더 경험할 수 있는 선택을 하는 것은 자신에게 더 많은 유익을 가져온다. "난 농구를 사랑해요. 우리 학교는 80점 이상의 평균 성적을 얻어야 농구 팀에 들어갈 수 있어요. 제가 높은 성적을 받으면 농구 팀에 들어갈 수 있죠!"

 집중력을 높여 주는 알파파 상태를 만들어라

유명 NBA 선수가 자유투 라인에 서 있는 상황을 본 적이 있을 것이다. 팬들은 소리를 지르고 있고 카메라는 플래시를 터트리고 있다. 어

떻게 선수들이 이 엄청난 소란 속에서 집중할 수 있을까? 이는 그들이 혼란스러움을 차단하고 집중할 수 있는 정신 상태로 만드는 방법을 훈련했기 때문이다.

아이들은 알파파 상태를 어떻게 해야 가져오는지 배울 수 있는 기회가 흔치 않다. 알파파 상태는 자연스럽게 집중하도록 하는 상태이다. 뇌의 활동에 따른 알파파 상태는 수십 년 동안 세밀히 연구되었고 기록되었지만, 여전히 대부분의 사람들은 이것이 학습에 미치는 영향을 인지하지 못하고 있다. 이 상태에서는 두 배 정도 빠르게 읽고 더 잘 이해하는 속독을 하기에 유리하다. 아이들이 자신을 알파파 상태에 어떻게 이르게 하는지 알게 된다면, 그들은 더 잘 집중하고 더 잘 공부할 수 있다.

알파파를 인식한 적이 없더라도 다들 그 상태에 있었던 적이 있다. 예를 들어, 거실에 앉아서 재밌는 영화를 보고 있다고 해 보자. 누군가가 다가와 팝콘을 더 먹을 거냐고 물어본다면 깜짝 놀랄 것이다. 영화에 너무 몰두한 나머지 주변 상황을 잊어버리고 있었던 것이다. 이때가 바로 알파파 상태다.

아이들은 자신이 원할 때면 언제든지 알파파 상태가 되는 다섯 가지 단계를 1분 안에 배울 수 있다. 이 간단한 훈련을 통해서 자신을 알파파 상태로 만들 수 있다.

1. 똑바로 앉는다.
2. 숨을 깊이 들이마신다.
3. 눈을 감는다. 평화로운 장소, 상쾌한 장소를 떠올린다. (공원, 바다, 호수나 집의 뜰, 어느 장소가 됐건 자신이 가장 편안하다고 느끼는 장소, 가상의 장소여도 괜찮다.) 그 평화로운 장소를 마음에 둔다.
4. 계속 눈을 감은 채로, 눈동자를 위로 올려 자신의 뇌를 들여다보게 하라. 집중은 시작된다.
5. 눈동자를 다시 아래로 내리고 눈을 떠라.

이 다섯 단계를 반복해 연습을 하고 나면, 원할 때 언제든지 자신을 알파파 상태로 만들 수 있다.

많은 이들에게 자신의 상태를 스스로 조절한다는 것은 놀라운 일이다. 우리에게는 처한 상황 전체를 마음대로 조절할 권한이 주어지지 않는다. 하지만 나의 상태는 내가 마음대로 조절할 수 있다. 우리가 정의한 나의 '상태'란 감정과 기분을 순간 촬영한 사진이라고 할 수 있다. 이 상태는 생각, 기분 그리고 신체적 자세가 관련되어 있다. 생각은 기분과 연결되어 있고 기분은 신체적 자세를 통해서 표현된다.

'상태 관리'라는 습관을 들이려면 연습이 필요하다. 그 과정은 복잡하지 않다. 우리가 특정한 상태에 대해서 어떤 기분과 어떤 자세를 취하는지에 대해 인지하고 기억하고, 그 상태를 선택한 것이 자신임을 알고 있으면 된다. 예를 들어 슈퍼캠프에서도 아이들을 두 팀으로 나눠 네 가지의 플래시 카드(그림, 글자 등이 적힌 학습용 카드)를 가지고 시작한다. 카드에는 흥분, 불만, 흥미로운, 실망이 적혀 있다. 우리는 지원자에게 카드를 뽑게 한 뒤, 그 카드에 적힌 것을 표현해 보라고 한다. 아이들은 번갈아 가면서 지원자가 표현하는 상태가 어떤 것인지 맞춘다.

그런 다음에는 엄청난 궁금증이 떠오른다. '누가 여러분의 상태를 조종할까?' 지금 당장 구부리고 앉아서, 숨을 느리게 쉬고, 자신에게 '이것은 지루해'라고 말해 보자. 우리는 모든 것에 대해서 무관심해진다. 바로 지금 자신을 지루함이라고 부르는 상태로 바꿔 버렸다. 자 이제 똑바로 앉아서 숨을 깊게 들이마셔라. 고개를 들고 시선은 정면을 본다. 그리고 자신에게 "이건 매력적인데?"라고 말해 보자. 지금 여러분이 경험하고 있는 상태는 흥미로운 상태라고 부르는 것이다. 무슨 일이 벌어지는지 알아차렸나? 이 상황은 누가 만든 것인가? 나 자신!

아이들은 바로 알아차렸다. 나는 내 상태를 언제든 원할 때 변화시킬 수 있어! 환경이 어떠하더라도 스스로 상태를 조종할 수 있다.

결과와 상태는 연관되어 있다. 수업 시간에 한숨을 쉬고 삐뚤게 앉아 지루한 상태로 만드는 것은 집중력에 영향을 주고 그것은 결과와 연관이 된다. 자신을 의도적으로 조절하여 흥미로워하는 상태에 있게 하면 자동적으로 집중력은 높아질 것이고 결과적으로 더 배울 수 있게 될 것이다.

 긍정적인 자기 암시는 집중력을 높여 준다

우리가 속해 있는 상황이 마음에 들지 않으면 어떻게 해야 할까? 우리는 그것을 어떻게 바꿔야 할까? 캠프 방 안에 있는 모든 아이들은 어떻게 해야 할지 알고 있지만 아직 자신이 안다는 것을 모르고 있을 뿐이다. 우리는 아이들에게 물었다. "어떤 일을 할 때 자신의 마음과 다르게 행동해서 원하는 결과를 얻어 본 적 있니?"

아이들은 자신과 관련지어 생각해 볼 수 있을 것이다. 그들은 아버지의 노트북을 빌리기 위해서 굉장히 성숙하고 책임감 있는 사람처럼 행동해 본 적이 있을 것이다. 혹은 어떠한 잘못을 저지르고는 후회하고 양심에 가책을 받는 모습을 보이면 결과가 덜 심각해질 것이라는 예상을 하고 행동했을 수도 있다. 이것은 십대들에게만 일어나는 일이 아니다. 어른들도 가끔 이런 행동을 보이지 않는가?

내 마음과 다른 행동으로 대처했던 순간이었지만 우리는 아주 설득력 있게 말할 수 있었다. 이상하지 않은가? 결국 우리는 우리 자신부터 설득할 수 있다. 어떻게? 그러한 것처럼 행동하라, 확신할 때까지, 너 자신이 그렇게 느끼기 시작할 때까지!

비행기 안에서 이루어지는 스카이다이빙 수업에서 낙하산을 펴는 방법을 배우고 있다고 가정해 보자. 교육이 끝나자마자 비행기에서 뛰어내려야 한다. 어떤 태도로 앉아있겠는가? 아주 열심히 집중하는 상태일 것이다. 마치 그 교육생인 것처럼 상상하며 수업을 들으면 어떤 수업을 받든 잘 받아들일 수 있는 최상의 상태로 스스로를 이끈다.

예를 들어, 역사 수업에 지루함을 느낀다면 자신이 들어본 어떤 수업보다도 흥미로운 척을 해 보라. 그럼 그 수업에 더 집중할 수 있다. 매 단어에 귀 기울이고 중요한 단서를 알기 위해 선생님한테 세부 사항에 대한 질문을 해 보라. 결과적으로 역사를 무척 좋아하는 사람처럼 행동했을 때 엄청나게 많이 배울 수 있다.

만약 "그러지 마, 너 바보같이 보일 거야. 모두가 뭐라고 생각하겠어?"와 같은 어떤 부정적인 목소리가 머릿속에서 들린다면, 빠르게 다른 상태로 자신을 움직이면 된다. 다른 생각으로 그 목소리를 없앰으로써 자신이 원하는 상태로 자신을 유지할 수 있다. 누구든지 부정적인 생각을 다시 하게 되었을 때 다음과 같이 해 보자. 예를 들어, 어려운 수학 문제를 풀어야 한다면 "난 수학 문제에서 벗어나지 못할 거야"라는 생각을 재빠르게 "분명 풀라고 만든 문제인데, 나라고 못 풀겠어? 모든 집중력을 동원하자! 한번 해 보자"라고 바꾸면 된다. 이는 연습을 필요로 하지만, 조금만 더 노력하면 상태를 조절하는 능력은 시간이 지날수록 강해질 것이다.

 학습 집중력을 향상시키는 자세: SLANT

교실에서 **SLANT**를 사용하는 학생들은 좋은 결과를 얻는다. (SLANT

전략은 에드 엘리스Ed Ellis 박사에게서 따온 것이다.) SLANT를 사용하면 더 좋은 성적을 얻을 수 있게 된다. SLANT를 하는 방법은 다음과 같다.

- Sit up 똑바로 앉는다.
- Lean forward 몸을 앞으로 숙인다.
- Ask questions 궁금할 땐 질문을 한다.
- Nod your head 이해한 것에 고개를 끄덕인다.
- Talk to the teacher 그리고 선생님과 종종 대화를 한다.

이 방법은 학생이 집중하고 계속 관심을 갖게 하는 데 효과적이다. 선생님이 더 잘 가르치는 데에도 도움이 된다.

캠프 참가자들은 선생님이 어떻게 가르치느냐에 따라서 자신이 영향을 받는다는 사실을 알고 놀라워했다. 우리는 아이들에게 가장 최근에 간 여행에 대해서 이야기해 보라고 한 뒤, 진행자가 머리카락을 꼬고, 다른 곳을 보고 딴짓을 하고, 구부정하게 앉고 아무 말도 하지 않고 있는 상황들을 연출했다. 그러고 나서 우리는 아이에게 이야기를 다시 반복해 보라고 했다. 이번에는 진행자가 똑바로 앉아서 SLANT를 사용하며 열정적으로 고개를 끄덕이고 질문도 했다. 그리고 우리는 물었다. "이번에 말할 때는 너의 이야기에 대해서 어떤 생각이 들었어?"

그들은 모두 두 번째 이야기를 할 때가 더 나았다는 것을 알아챘다. 왜? 그것은 바로 더 나은 태도의 청취자가 있었기 때문이다.

똑바로 앉는 것은 우리의 몸을 더 민첩하게 만든다. 앞으로 몸을 기울이는 것은 우리의 마음에 신호를 보내고 우리가 흥미로워한다고 생각하게 만든다. 고개를 끄덕이는 것은 우리에게 지금 말하는 것들을 잘 받아들이고 있다는 신호로 받아들이게 한다. 그리고 아이들이 선생님에게 말하는 것과 질문을 하는 것은 수업 안에서 일방적인 선생님의 독백을 능동적인 상호작용으로 바꾸게 한다.

 우리의 뇌는 끊임없이 변화한다

얼마 전까지만 해도 과학적으로 사람의 뇌는 어린 시절이 지나면 별다른 변화가 이뤄지지 않는 것으로 여겼다. 하지만 지금은 우리의 뇌가 끊임없이 변한다는 것을 알게 되었다. 우리의 경험, 생각, 기분, 그리고 행동은 뇌에 영향을 미친다.

급속도로 변화하고 정보가 포화 상태인 현대를 사는 우리의 뇌는 그 어느 때보다도 빨리 바뀌고 있다. 요새 십대들의 뇌는 10년 전 십대들의 뇌와는 또 다르다. 터보를 단 것마냥 돌아가는 새로운 뇌를 효과적으로 사용하기 위해서는 교육 방법도 시간의 흐름에 따라 달라져야 한다.

퀀텀 학습법(슈퍼캠프에서 사용하는 학습법)은 우리가 십대에게 정보를 주는 방식과 십대가 생각하는 방식을 일치시켜 그들의 세상에 스며드는 방법이다. 우리는 그 일치가 가능하도록 지속적인 연구를 바탕으로 프로그램을 제공하고 있다.

- 집중력이 부족하면 아이의 자신감에 심각한 영향을 줄 수도 있다. 몰두하는 데 있어서 자주 문제가 생기고, 생각이 멈추고, 결정 혹은 계획하는 데 혼란스러워하며 어떻게 해야 할지 모른다. 대부분 아이들이 자신이 하는 일에 어떻게 정신을 집중해야 하는지 모르기 때문에 일어난다. 자신에 대한 태도를 바꾸고 몇 가지 기본적인 집중력 기술을 배움으로써 주의력을 기를 수 있다.

- 그 일에 대해 자신에게 어떤 유익이 있을지(What's In It For Me: WIIFM)를 먼저 생각해 보면 스스로 강력한 동기를 부여하게 되어 결과적으로 잘 해낼 수 있다. 아이가 자신에게 어떤 유익이 있을지를 아는 것은 학업 등에 가장 강력한 그리고 즉각적인 영향을 준다.

- 집중력이 높아지는 알파파 상태를 만들면 학습 효과를 높일 수 있다. 알파파 상태를 만드는 5단계 방법을 반복 연습하라. 어느 순간 소음이 가득한 공간에서도 평안한 마음으로 한 가지에 집중하는 힘을 갖게 된다.

- 부정적인 생각보다는 긍정적인 생각을 가질 때 집중력을 높일 수 있다.

- 학습 집중력을 향상 시키는 자세인 SLANT 습관을 갖는다면 집중력이 높아지고 이를 잘 유지할 수 있다.

CHAPTER 8

자기 인식은
강한 동기를 부여한다

어렸을 때 스콧은 기억력이 뛰어났고 비행기에 대한 열정이 남달랐다. 하지만 읽는 것이 조금 느렸다. 그로 인해 선생님은 스콧에게 학습 장애 시험을 보게 했다. 시험 결과는 아니라고 나왔지만 스콧의 마음에 자신에 대한 의심의 싹이 트기 시작했다. 스콧의 부모는 그가 앞으로 나아가는 것을 스스로 막고 있다고 판단했다.

5학년 때 스콧의 독해와 다른 과목 점수는 듀크 대학교의 재능 프로그램에 참가할 자격 요건을 충족시켰다. 하지만 그는 학교에서 학업 우수자 명단에 들지 못했다. 그는 바닥을 바라보며 이렇게 말했다. "난 너무 부족해서 명단에 들지 못했어. 그들은 나와 달라. 난 노력해도 결국 안 될 거야."

자신에 대한 믿음을 잃은 상태에서 어떻게 그는 자신에게 있는 많은 능력을 기르고 동기를 부여할 수 있을까?

"자전거를 타 본 사람?"

아이들은 궁금한 표정을 지었다. 모두가 자전거를 타봤지만 우리가 이걸로 어떤 이야기를 할 것인지 궁금해 했다. 자전거가 배우는 것과 무슨 관련이 있을까?

강사는 "자전거가 여러분을 위해서 무얼 하지?" 하고 질문을 던졌다. "자전거는 다리 운동을 할 수 있게 해 주고, 타는 사람에게 긴 거리를 최소한의 동력으로 갈 수 있게 해 주지. 고성능 자전거의 경우 그 기능을 제대로 사용하려면 우리는 연습해야 해. 학교 과제에도 이런 도구가 있다면 정말 멋지지 않을까? 아니면 여러분이 하고 싶어 하는 것들을 할 수 있다면? 혹은 여러분이 노력한 것보다 더 많은 것을 얻는 길은? 여기 우리를 도와주기 위해 온 스태프 커티스의 예를 들어 보자. 자, 커티스는 자전거를 즐겨 타는 사람이야. 그는 1972 슈윈Schwinn(미국의 오래된 고급 자전거 브랜드)을 갖고 있어. 그의 자전거는 바나나 시트와 전면 및 후면 펜더, 핸들 끝에 달린 작은 깃발까지 있단다."

아이들이 낄낄거렸다.

"그는 정말 자전거를 좋아하는 사람이지. 그래서 아마 그가 경주용으로 나온 고품질의 자전거를 갖고 있지는 않더라도 경주에 참가한다면 정말 열심히 노력할지도 몰라. 지난해 내가 매년 열리는 자선 자전거 대회에 그를 초대했지. 경기가 있는 날 커티스는 슈윈 자전거를 끌고 나타났어. 그는 도착하자마자 다른 사람들의 자전거가 자기 것과 같지 않다는 걸 알아차렸지. 다른 선수들의 장비는 모두 최신이었어. 높은 기술력으로 만들어진 합금 소재와 인체 공학적으로 설계된 디자인, 높은 속력을 낼 수 있는 기능 등이 모두 갖추어져 있었지. 처음에 그는 낙담했어. 그런 다음 그는 이런 말도 안 되는 생각을 했지. 이 대회에서 우승하기로 마음을 먹은 거야! 그는 자신이 이길 수 있을 만큼 엄청난 에너지와 노력을 기울이기로 했어. 자 문제, 그는 과연 이겼을까?"

대부분의 캠프 참가자들이 긍정적인 분위기를 가지고 있었고 그들은 커티스를 지지하고 있었으므로 "네!"라고 소리쳤다.

강사는 고개를 흔들었다. "답은 '우승하지 못했다'야. 그 대회에서 그가 이길 수 있는 방법은 없었어. 우리는 이 경주에서 이기기만 하면

2주간의 뉴질랜드 여행을 상품으로 주겠다고 유혹해 그가 도전하도록 할 수 있겠지. 아니면 그가 원하는 거 전부 해 주겠다고 말이야. 그리고 그는 생각했어. '정말? 나 진짜 여기서 이겨야만 하겠구나.' 이제 그는 강력한 동기를 부여했어. 자 커티스가 이길 수 있을까?"

아이들이 소리 질렀다. "아니요!"

"그럼, 우리가 그에게 코치를 해 준다면? 그에게 몸을 어떻게 쓰라고 가르치고 자전거 선수들처럼 생각하는 법을 알려주면? 그가 이길 수 있을까?"

"아니요!"

"만약에 그를 협박한다면? 경기에서 이길래. 아니면 험한 꼴 당할래. 자 이제 그는 이길 수 있을 거야, 맞지?"

"아니요!"

"왜 아니지? 그는 훌륭한 태도를 가졌고, 좋은 자세와 동기 부여까지 되었는데 왜 그가 이길 수 없는 거지?"

왜냐하면 그가 사용하는 도구가 만족할 만큼 강력하지 않았기 때문이다. 자전거는 우리가 돌아다닐 때 사용하는 도구다. 우리는 도구를 배우기 위해서도 사용하고 목표를 달성하기 위해서도 사용한다. 가끔 부모들은 자녀가 학교나 삶에서 뒤떨어지는 걸 보고는 자녀의 태도나 동기 부여가 부족하다고 비난한다. 그들은 아이의 노력에 대해서 의심을 한다. 하지만 태도가 중요한 것이 아닌 경우도 있다. 단지 그들이 아직 학교와 삶에 겨룰 만한 도구를 갖추지 못한 것일 수도 있다.

아마 그들이 고군분투하는 것은 커티스의 1972 슈윈 바나나 시트에 올라 앉아 사이클 경주를 하는 일일 수도 있다!

"자, 만약에 우리가 다 같이 돈을 모아서 거의 1000만 원이 넘는 고성능의 경주 전용 자전거를 사 준다고 하자. 손가락으로 들 수 있을 만큼 가벼운 것으로 말이야. 커티스가 이 자전거를 보고 만약에 '최고야! 난 이제 이렇게 멋진 도구를 얻었으니까 나는 페달을 밟지 않아도 되겠네? 이 자전거가 날 위해서 모든 일들을 해 줄 거니까!'라고 말하면 그는 경기에서 이길 수 있을까?"

캠프 참가자들이 아닐 거라고 소리쳤다.

"음 왜 아니지? 그는 멋진 도구를 가졌는데."

그들은 이제 깨달았다. 노력만으론 부족하다는 것을. 강력한 도구만으로도 부족하다는 것을. 강력한 도구와 노력이 합쳐져야 한다는 것을. 그러면 결국에는 경기에서 이길 거라는 사실을 그들은 깨달았다.

어떤 아이들은 엄청난 도구를 가지고 있지만 어떤 이유에서인지 최선을 다하지 않는다. 그들은 아마 자신의 능력을 믿지 못하거나 자신의 장점을 인지하지 못하고 있거나, 아니면 자신이 열정적으로 추구하는 가치에 대해서 알지 못하고 있을 것이다. 혹은 그들이 사실이 아닌 것을 믿고 있을 수도 있다. "난 선생님과 얘기하는 게 불편해," "선생님은 나를 싫어해"와 같은 추측과 가정들 말이다. 많은 아이들이 선생님을 찾아가거나 특별히 도움을 요청하는 것이 자기 권리라고 생각하지 않는다. 반면에 각자가 가진 재능을 너무 당연한 것이라고 생각하고 그 능력을 개발하기 위해 아무런 노력도 하지 않는 경우도 있다. 부모들은 가끔 자녀가 최대치의 가능성에 도달하지 않았다고 불평하는 경우가 있다. 그들은 자녀가 그것보다 더 잘 할 수 있다고 믿지만 그것을 성취하기 위해서 어떻게 동기 부여를 해 줘야 할지 모른다. 하지만 어떤 인간이 자신의 최대 가능성에 다다른 적이 있을까. 중요한 것은 자신의 잠재력에 도달하고 있는지의 여부이다. 자신에게 도전하고 확장하고 성장하고 있는가? 이를 위해서는 그들을 성취하게 도와줄 도구와 헌신의 노력이 필요하다.

무엇이 아이들에게 동기를 부여할 수 있을까? 무엇이 그들에게 불을 지펴 줄까? 동기 부여란 어떤 것일까? 동기 부여가 되면 무엇을 할 수 있는가? 자 이제 십대들이 동기 부여가 잘 안 되는 몇 가지 이유와 우리가 그들에게 최선을 다해 도와줄 수 있는 것이 무엇인지 알아보자.

 열정을 불러일으켜라

동기란 자전거 선수가 페달을 밟는 데 들이는 노력 같은 것이다. 또는 더 정확하게 자전거 선수가 노력을 하게 하는 이유다. 부모가 아무리 자녀에게 동기 부여를 강요해도 효과가 없다는 것은 말하지 않아도 알 것이다. 그것은 내면에서부터 오는 것이기 때문이다.

동기를 갖는다는 것은 자신을 훈련하는 것과는 다르다. 슈퍼캠프 강사 존 르 텔리에는 다음과 같이 말한다. "훈련은 해야만 할 때든 하고 싶지 않을 때든 여러분이 해야만 하는 일에 필요한 것이다. 동기는 여러분이 필요성을 느끼고 원할 때 필요한 것이다. 그렇게 때문에 동기 안에는 열정이 있다."

 동기가 욕구와 같은 의미는 아니다. 십대와 성인 모두 무언가를 매우 원할 수 있고, 할 수 있는 능력도 있는데 여전히 하기를 거부한다. 사람들은 자신이 원하는 것에 장애물을 만들어 놓는다. 머릿속에 장애물을 만들어 놓은 뒤 행동을 취한다. 실패하면 이것은 안전한 담요가 된다. "어이없는 결과가 나왔는데 그건 내가 노력하지 않았기 때문이야." 이 상황에서 우리의 동기를 방해하는 것은 실패에 대한 두려움이다. 어떠한 것에 최선을 다하지 않는 것은 쉽게 빠져나갈 방법을 만들어 준다. 이는 우리에게 바보 같은 기분이 들게 하거나 뒤로 숨을 궁리를 하게 한다. 꿈을 달성하려는 우리의 모습을 빼앗기도 한다.

 우리는 가끔 이렇게 도망갈 방법을 생각하지만 실패를 발판으로 더 나은 도전을 하는 것은 중요한 습관이다. 실패를 하는 것은 삶에서 피할 수 없는 부분이기도 하다. 그것은 성공에 꼭 필요한 재료이기 때문이다. 실패는 우리가 다음에 어떤 식으로 다르게 행동해야 하는지 알게 해 준다. 우리가 적극적으로 실패에 접근할수록, 우리의 의욕을 약화시키는 힘은 더 약해진다.

 십대들이 자신의 멘토에 대해서 이야기할 때, 우리는 그들의 어떤 점이 훌륭하냐고 묻곤 한다. 이 질문은 가끔 아이들에게 그들의 멘토도 처음부터 인생에서 성공한 사람은 아니었다는 것을 깨닫게 한다. 그들도 자신의 꿈을 이루기 위해 고생을 겪었다. 에디슨이 한 번의 실험으로 성공한 것이 아니듯 말이다. 하지만 중요한 것은 멘토들은 실패하거나 어려움을 겪더라도 계속해서 시도했다는 것이다.

'만약 네가 그런 사람이 된다면, 그것은 너에게 달린 일이다'라는 문구는 어느 캠프 참가자가 벽에 걸어 놓은 것이다. 다른 말로 하자면, 사람들은 자신의 꿈에 대해서 책임을 져야 한다는 것이다. 자신의 꿈에 대해서 아이들은 실질적으로 자신의 열정을 다할 의무가 있음을 확인하기 시작한다. 그것은 그들이 다른 의미로 인생의 경계선 위에 살기를 선택하는 순간이 된다. 실패를 두려워하며 굴복하고 징징대고 자신의 노력이 부족한 것을 외부의 탓으로 돌리고 하는 행위들은 다 (인생의) 경계선 아래 있는 것들이다. 왜냐하면 이것은 그들이 꿈에 대해 게을리했다는 증거이기 때문이다.

사람들이 때때로 자신의 목표를 이루기 위해 노력하지 않는 것은 그 꿈이 인생에 도움이 될지 확신이 안 서기 때문이다. 그들이 원하는 것이 단지 개인의 환상만이 아닌 세상의 일부로서 할 수 있는 멋진 기여라는 점을 알게 된다면 그게 바로 자신의 멘토들이 걸었던 길에 가까워지는 것이다.

 성공의 경험은 자기 인식을 높인다

사라는 조용하고 진지하고 엄청난 집중력을 가지고 있지만 사람들에게 접근하고 친구를 사귀는 것에 서툴렀다. 누군가에게 다가가려고 할 때마다 그녀는 겁이 났고 끝까지 실행하지 못했다. 그녀가 '실패에서 성공으로'라는 습관을 배웠을 때, 그녀는 겁이 났음에도 불구하고 사람들에게 더 다가가 보기로 했다. 도전했을 때 그녀는 무언가를 깨달았다. 그건 바로 그녀와 이야기를 나눈 사람들도 상호작용으로 인해서 도움을 받았다는 것이다. 사람들은 그녀에게 신뢰가 간다고 말했다. 또 그녀가 자신들이 하는 말을 잘 경청해 준다고도 했다. 그녀는 자신의 모습만으로도 사람들에게 도움이 될 무언가가 있다는 것을 깨닫게 되자 사람들에게 다가가기가 쉬워졌다.

　자기 인식이 부족한 아이들은 강력한 동기 부여를 받지 못하곤 한다. 그들은 아직 자신만의 힘을 인지하지 못한다. 자신이 남들에게 제공할 수 있는 것이 무엇인지 정확하게 이해하지 못하고 있다. 사라의 경우처럼, 남들이 인정할 만한 대단한 능력이 있다는 것을 다른 사람들이 즐기고 인정해 줄 때, 자신감은 한층 높아진다.

　프로그램에서의 성공 경험은 캠프 참가자들에게 그들이 만들어 갈 수 있는 작은 승리를 얻게 한다. 그들은 성공을 경험할수록 자신의 어떤 점이 멋있는지 알아 간다. 그들이 자신의 능력에 대해서 탐구한 뒤에 '나는……'으로 시작하는 자신에 대한 글을 쓰는 시간이 있다. 이를 통해 자신의 능력이 몇 가지 면이나 있는지 확인해 볼 수 있다. "나는 아들이다," "나는 빠르다," "나는 재밌다"와 같은 문장들을 적어 나갈 수 있다. 자기 인식은 자신감을 쌓아 가는 데 강력한 도구가 된다. 자기 인식은 렌즈 같은 역할을 한다. 이는 사람들이 평생 동안 자신에게 동기 부여를 할 수 있는 열정이 무엇인지를 찾는 데 도움을 준다.

 열정과 꿈은 삶의 중요한 동기 요인이다

몇 년 전 일이지만, 우리는 에린이라는 여학생에 관한 이야기를 하는 것을 좋아한다. 그녀는 우리와 모든 참가자들에게 영감을 주었다. 그녀는 자신의 태도에 따라 얼마나 해낼 수 있는지를 보여 주었다.

에린은 휠체어를 타고 캠프에 참가했다. 그녀는 어렸을 때 교통사고를 당한 뒤로 휠체어를 타게 되었다. 대부분의 과정은 그녀가 참여하는데 어렵지 않았다. 하지만 다섯 번째 날은 야외 모험을 하는 날이었다. 그날 아이들은 10미터 정도 되는 장대에 올라가야 했고 믿고 떨어지기와 공중 장애물 통과 코스도 있었다. 물론 에린은 이러한 활동에서 빠져도 됐다. 그녀가 휠체어의 바퀴를 밀고 와 한 강사의 소매를 잡아당기며 장대에 올라가겠다고 했을 때 모두 매우 놀랐다. 우리는 그녀가 시도하는 것을 말리지는 않았으나, 그녀가 어떻게 할지 상상할 수조차 없었다. 그녀가 올라가기 시작했을 때 모든 아웃도어 전문가들이 대기했고 우리는 가까운 곳에 서서 그녀를 응원하기 시작했다.

그녀는 다리에 거의 힘이 없었기 때문에 팔 근육만을 이용해서 장대의 꼭대기에 올라갔다. 그녀가 올라가기까지는 시간이 오래 걸렸고 엄청난 노력을 해야 했지만 결국 그녀는 해냈다.

우리 모두 축제에 가까운 환호성을 질렀고 에린은 캠프 참가자들 사이에서뿐만 아니라 강사들과 스태프들 사이에서도 유명인이 되었다. 그녀는 노력과 결심이라는 점에 있어서 사람들의 롤 모델이 되었다. 에린은 장대에 오르고자 했다. 자신이 할 수 있다는 것을 믿으면 할 수 있다는 것을 그녀가 보여 주었다. 거기서 더 나아가 그녀는 다리를 못 쓰는 여건이 그녀의 의지를 막지 못한다는 것을 우리 모두에게 보여 주었다. 우리의 열정과 꿈은 삶의 실제 동기 요인이다. 우리는 마음속으로 이를 원한다. 우리가 이러한 동기 요인에 의해 실천할 때 어떤 것도 우리를 가로막을 수 없다. 우리는 장애물을 살필 준비가 되어 있다. 이 장애물은 넘기 힘든 벽이 아니라 정복해야 할 목표다.

 주된 목적을 위한 목표를 세워라

몰입하고 있는 행동이 없으면 꿈은 이루어지지 않고 장애물을 넘어설 수 없으며 목표에 닿을 수도 없다. 청소년들은 아직 구체적인 목표를

설정하고 추구하는 방법을 배우지 않았다.

아이들은 진정한 목표의 의미에 대해 감을 잡지 못했을 수도 있다. 우리는 그들에게 목표란 '행동하기 위한 계획'이라는 것을 확인시킬 것이다. 이것은 가능성이 있는 아이디어를 사용 가능한 응용 프로그램으로 변화시키는 것이라고 할 수 있다. 혹은 간단하게 말해 엄청난 아이디어를 사용하기 위한 계획이라고 할 수 있다.

물론 여기서 이야기하는 목표는 가치 있고 현실적인 목표이고 아이들이 원하는 미래를 얻을 수 있는 목표가 될 것이다. 슈퍼캠프에서는 아이들에게 실현 가능한 목표와 가능성이 없는 목표를 구별할 수 있게 도와준다. 또한 자신이 꿈을 쫓는 동안 현실적이고 뒷받침받을 수 있는 계획을 세울 수 있도록 한다.

캠프 참가자들은 행동의 구체적인 계획을 체계적으로 정리해 궁극적인 목표를 만든다. 그들은 목표에 도달할 수 있는 몇 가지 방법을 계산해 보고 지원과 방해의 원인도 고려해 본다. 그들은 삶의 여러 무대에서 목표를 설정할 수 있다는 것을 발견한다. 개인적인 공간, 학교, 직업, 가족, 사회, 그리고 다른 곳들에서. 이는 그들에게 자신의 목표를 단기, 중기, 장기로 분류할 수 있다는 것을 알려 준다. 우리는 아이들에게 자신의 목표에 대한 기대치를 적으라고 한다. 또한 그들이 도전하는 목표 이후의 목적에 대해서 명확히 하라고 제안한다. 예를 들면, 화학 과목에서 최고가 되기 위해서 좋은 점수를 받는 것인지, 스탠포드 대학의 화학과에 가기 위해서 좋은 성적을 원하는 것인지 말이다. 높은 점수를 받는 것은 수업에서 잘하면 받게 되는 행복한 부산물이지만 그것이 주된 목적은 아니다.

부모에게 추천하는 부분은 아이들이 자신의 가능성에 대해서 어떻게 생각하는지 알아보라는 것이다. "나는 어떤 사람일까?" "나는 삶의 어떤 지점에서 나에 대해 확인할 수 있을까?" "내가 가장 멋지다고 생각하는 인생은 어떤 삶일까?" 목표를 설정한다는 것은 자신에 대해서 알고 자신을 이루고 있는 것이 무엇인지 아는 것이다. 자기 인식은 이 모든 것의 전제가 되어야 한다. 살고 있는 삶과 원하는 삶의 차이는 순간순간 자신에 대해 얼마나 알려고 했느냐에 있다. 나아가 목적을 향한 목표를 책임감 있게 선택했느냐의 문제다.

 부정적인 습관이 아이의 능력을 제한한다

조니는 리더십을 기르기 위해 슈퍼캠프에 참가했다. 그가 캠프에 오고 싶어 한 이유는 여기서 리더십에 관한 방법을 가르친다고 들었기 때문이었다. 불행하게도 그의 부모님은 참가비를 감당할 수 없었다. 조니는 기꺼이 일부를 내주겠다는 지인을 찾았으나 여전히 나머지 비용을 모아야 했다. 조니는 노력한 결과 캠프에 참가할 수 있었다. 그는 2주 정도 사람들에게 전화를 걸어 캠프에 참가할 수 있도록 10달러나 20달러를 지원해 달라고 했다. 하지만 대부분이 거절했다. 그들은 돈을 줬

을 때의 이익이 보이지 않았기 때문에 거절한 것이다. 하지만 조니는 계속해서 전화를 했고 캠프 시작 전날 그는 참가 비용을 모두 모을 수 있었다.

조니가 캠프에 참가할 당시에 이미 그는 자신의 굉장한 능력을 발견했다. 어떠한 일을 가능하게 하는 것. "그것은 저에게 엄청난 의미가 있었어요. 나는 사람들에게 영향을 줄 수 있는 사례가 되었고 다른 사람들도 이를 시도할 수 있어요." 우리에게 왔을 때 그는 이미 목표를 이루기 위해서는 어떠한 것이라도 해야 한다는 것을 잘 알고 있었다. 그는 우리 강사들과 캠프 참가자들 모두에게 영감을 주었는데, 그것은 스스로 자신의 목표를 이루는 방법을 찾아냈기 때문이다.

가장 강력한 성공의 열쇠가 바로 몰입이다. 우리가 어떠한 것에 대해 몰입할 때 말도 안 되는 일이 이루어지곤 한다. 우리는 스스로를 고정관념에 가둔다. 우리가 몰입하고 노력할 때, 가능할 거라고 생각하지 못했던 많은 것들을 발견하게 될 것이다. 그것은 엄청난 것이다.

목표를 이루기 위해서 노력하는 것은 얼마가 걸리든, 자신의 내면과 대화를 해야 한다는 뜻이기도 하다. 이것은 성인에게도 어려운 일이다. 자신도 모르게 무의식적으로 부정적 메시지를 말하기 때문이다. 우리의 뇌는 우리가 말하는 것을 믿는다. 그래서 오래된 습관을 새로운 것으로 대체하고 싶다면 우리는 예전 메시지에 대항할 수 있게 준비해야 한다.

부정적인 습관은 사람의 능력을 제한할 수 있다. 하지만 긍정적인 습관들은 가능성을 확장시킬 수 있다. 많은 사람들이 혼잣말을 할 때 '원래부터'라는 단어를 무의식적으로 쓴다. 예를 들자면, "난 수학을 정말 못해"라는 말을 하면서 "원래부터"라는 말을 덧붙인다는 것이다. 난 원래부터 수학을 정말 못해! 하지만 이러한 단어는 과거에 머물러 있게 해야 한다. "나는 정말 수학을 못해" 대신 "나는 아직은 할 수 없지만 곧 해낼 거야!"라고 생각을 바꿔야 한다.

두려움과 의심을 느낄 때는 방향을 다시 잡는 것이 도움이 된다. 부정적인 생각 대신에 다음 목표를 향해 자신의 생각과 에너지를 집중시킨다. 내적인 요인으로 시간을 낭비하기보다는 얼마가 걸리든지 다음 단계를 위한 행동을 하기 위해서 집중해야 한다.

 집중력과 자신감은 아이를 성공으로 이끈다

"여러분들이 경험한 것과 슈퍼캠프에서 배운 것을 결합해야 해. 그것은 삶에 대해 특별한 목표를 가지게 했고, 여러분은 목표를 이루기 위한 가장 현명한 상태를 배웠어. 여러분은 자신이 훌륭하다는 것을 발견했고 자신에 대해서 믿게 되었어."

지금부터 진행될 내용은 특별하다. 방 안에는 웅장하고 강한 힘이 느껴지는 음악이 흘렀다. 우리는 30cm×30cm 정도 크기의 송판과 마커펜을 아이들에게 주었다.

"이 활동은 단순히 나뭇조각을 깨는 것이 아니라 삶에 대한 비유란다. 여러분의 삶에서 원하는 바를 어떻게 얻을지에 대한 것이고, 목표를 이루기 위해서 장애물을 어떻게 극복할지에 대한 것이기도 해. 오늘 우리가 할 것은 '어떠한 상황에도 우린 반드시 해낸다'에 대한 활동이야."

아이들은 어떤 장애물이라도 넘을 수 있는 능력이 있다. 그것은 신체의 조건이나 몸 상태와는 상관이 없다. 마른 사람, 혹은 작은 사람도 근육 많은 사람이나 큰 사람만큼 송판을 쉽게 깰 수 있다.

지금 아이들은 처음 캠프에 도착했을 때보다 더 높은 자신감과 더 나은 집중력을 가지고 있다. 우리는 지금 상황을 위해 그들에게 많은 준비를 시켰다. 이 내용은 우리의 활동 중에서도 강력한 힘이 있다. 명확하고 집중하고 열정적인 상태를 유지해야 한다.

우리는 그들에게 과거에 그들이 이루지 못한 목표에 대해서 물었다. 아마 그들이 게을러서일 수도 있고 노력할 만한 가치가 없다고 판단해서일 수도 있다. 아니면 그들이 실패했거나 실패에 대한 두려움이 그들을 사로잡았을 수도 있다. 하지만 이 활동은 과거를 과거로 돌려놓는 활동이다. 오늘 우리는 새로운 선택을 할 것이다.

이 시점에서 아이들은 각자의 목표를 선택할 것이다. 우리는 아이들에게 스스로 정했던 목표에 대해서 생각해 보라고 한다. 그 목표를 달성하는 것을 구상해 보라고 하고 현실로 만들어 보라고 한다. 그리고 나서 아이들은 자신의 목표를 송판에 적는다.

아이들이 송판에 적고 나면 우리는 송판을 뒤집으라고 한다.

"너의 목표는 어디 있니?"

"송판 밑에요."

"송판은 너와 너의 꿈 사이에 있는 장애물이야. 네가 정말 원하는 것을 못하게 잡고 있는 것이 무엇일까? 솔직해져 보자. 진지해져 보자. 어떤 장애물과 어떤 두려움이 너를 다시 덮쳐 오는 거니?"

아이들은 답이 정해지면 다시 마커펜을 들고 자신의 목표가 적혀 있는 송판 반대편에 자신 안에 걸림돌이 되는 것을 적는다. 이제 두께가 2.5cm 정도 되는 송판이 그들과 그들의 꿈 사이에 있는 것이다.

이제 상태를 만들어야 하는 시간이다. 아이들은 이미 자신의 상태를 관리하는 것에 대해서는 전문가 수준이 되었다. 그래서 우리가 그들에게 흥분되면서 집중 상태에 빠져드는 것을 설명했을 때 그들 모두 한 번에 그 상태를 만들었다. 열정적이고 힘찬 음악이 크게 울려 퍼졌다. 그들은 모두 힘찬 자세를 하고 반복해서 이렇게 말했다. "내가 중심이니 집중하고 자신감 있게 그리고 힘차게."

"성공을 똑바로 바라보자. 내가 그것을 선택한다면 그것은 나의 것이다."

자신의 몰입을 느낄 수 있을 때 그들은 준비가 된 것이다. 강사와 팀 멤버들끼리 모여 앉았다. 지지하는 힘은 강했다. 그들은 한 명씩 장애물을 격파하고 목표를 잡았다.

모여 앉은 아이들은 웃고 울고 껴안고 서로 환호하고 부러진 송판

조각들을 잡고 있기도 했다. 그들의 얼굴에 묻어나는 자신감이 아름다웠다.

캠프 참가자 중에 매혹적인 목소리를 가지고 있던 여학생을 기억한다. 하지만 그녀는 불안 때문에 샤워할 때만 노래를 했다. 마지막 날 밤 그녀가 이를 얘기하자 캠프 참가자들이 그녀를 부추기기 시작했다. "지금 해 봐, 넌 할 수 있어!" 그렇게 만들어진 에너지로 그녀는 모든 아이들 앞에 서서 떨리는 목소리로 용기를 내 노래를 부르기 시작했다. 아이들은 그녀의 용기에 깊은 감명을 받았다.

목표로 전진하기 위해 장애물을 극복할 준비가 됐을 때는 자신에게 그 장애물이 마치 부서진 송판 조각이나 다름없는 것이라고 아이들은 말했다. 거기엔 어떠한 저항도 없었다. 그들의 손은 바로 정확하게 움직였다. 누군가 이렇게 말했다. "순간 나는 송판을 때려 부쉈고 그러는 동안 내 모든 집중력과 의도를 온전히 그곳에 쏟았어요. 그리고 깨달았죠. 내가 이걸 할 수 있다는 것은 내가 모든 것을 할 수 있다는 뜻이라는 걸 말이에요."

자녀가 그 정도의 자신감을 가지고 있다고 상상해 보라.

- 아이가 자신의 잠재력을 최대한 발휘하는 데는 동기 부여가 매우 중요하다. 부모가 아무리 자녀에게 동기 부여를 강요해도 효과가 없다는 것은 자명한 사실이다. 아이 스스로 동기를 부여해야만 강력한 힘을 발휘한다. 이를 위해 부모는 아이에게 적절한 방법을 제공하고 지지해 줘야 한다.

- 실패에 대한 두려움은 동기를 부여하는 데 큰 방해가 된다. 아이가 실패를 발판으로 더 나은 도전을 하는 습관을 갖는 것은 중요하다. 자신의 목표를 이루기 위해 노력하지 않는다면 그 꿈은 이루어질 수 없다. 부모는 아이가 자신의 꿈에 책임을 지고 열정을 다해 나아가도록 도와줘야 한다.

- 자기 인식이 부족하면 강력한 동기 부여를 갖지 못한다. 청소년기의 아이들은 자아 정체성을 확립해 나가는 중이어서 아직 자신에 대한 이해가 충분치 않을 수 있다. 다른 사람들과의 긍정적인 상호작용은 아이의 자신감을 높여 주어 자기 인식에 도움을 준다. 이는 아이가 스스로 동기를 부여하는 데 큰 영향을 미친다.

- 열정과 꿈(목표)은 삶의 강력한 동기 요인이다. 아이가 자신 앞에 있는 장애물을 두려워하지 않고 뛰어넘으려면 명확한 목표와 열정을 가져야 한다. 아이가 삶의 목표를 세워 열정을 갖고 추진할 수 있도록 부모는 그 꿈을 지지해 주고 응원해야 한다.

- 자기 인식을 토대로 삶의 궁극적인 목적을 향한 목표를 책임감 있게 설정해야 한다. 실패에 대한 두려움이나 자신의 능력에 대한 의심 등의 부정적인 생각 대신에 목표를 향해 자신의 생각과 에너지를 집중시켜야 한다.

- 목표를 달성하는 데 장애물이 있기 마련이다. 이 장애물을 격파하기 위해서는 몰입과 용기가 필요하다. 아이가 이를 성취하며 큰 자신감을 갖게 되면 어떤 도전도 두려워하지 않을 것이다.

CHAPTER 9

아이의 행복과 성공을 위해 무엇을 해야 하는가

아이들은 슈퍼캠프에서 발견한 것들을 집으로 가져간다. 그들이 우리를 떠나서도 배운 것을 유지하고 일상생활에 적용하도록 돕는 것이 우리의 의도다. 십대들, 부모님 그리고 선생님들이 우리에게 보내 온 편지들을 보면 아이들은 슈퍼캠프에서 배운 과정들을 학교나 집에서도 적용하고 있다고 한다. 결국은 아이들이 캠프 밖의 세상에서도 영향력을 발휘할 수 있느냐가 중요하다.

 이 책은 청소년들이 직면하는 문제를 긍정적인 힘으로 바꾸기 위해서 극복해야 할 것들에 대해서 언급했다. 여러분은 우리가 순간들을 풀어가는 과정을 성공의 열쇠 구멍을 통해서 들여다봤다. 우리가 십대들을 도와주기 위해서 사용한 과정은 슈퍼캠프에 있는 특정한 것이지만, 이것의 기초가 되는 원칙은 전 세계적으로 통하는 것이고 시간의 흐름과도 무관하다. 지지받는 환경에서라면 십대들이 문제를 극복하는 것은 어떤 순간에도 일어날 수 있는 일이다.
 이제 슈퍼캠프의 마지막 날이다. 부모가 자녀를 데려 가기 위해 도착했다. 그들의 기대감이 피부로 느껴진다. 만약 부모들의 생각을 들여다볼 수 있다면, 그들의 머리 옆에 만화처럼 말풍선이 있다면 거기엔 아마 이런 것들이 쓰여 있을 것이다. "아이의 달라진 점을 내가 알

아볼 수 있었으면 좋겠다." "이 프로그램에서 쏟은 노력이 보이려면 얼마나 걸리려나." "내가 캠프에 강제로 보낸 걸 아이가 용서해 주겠지?"

부모들은 큰 방에 앉아있다. 강사가 앞으로 무엇을 기대해야 하는지에 대해서 그들과 이야기를 나눈다. 아이들은 보통 부모와 다시 만날 때 행동이 두 부류로 나뉜다. 흥분해서 엄청 말이 많아지고 그들이 배운 것들에 대해서 거창한 단어들을 써 가면서 이야기를 하거나, 혹은 깊은 생각에 잠긴 채로 침묵한다. 너무나 많은 것들이 바뀌었는데 어떻게 다시 예전의 환경으로 돌아가서 적응해야 할지 생각한다. 아이들은 말하기 전에 생각할 시간이 필요하다.

강사는 부모들에게 이렇게 말한다. "지난 열흘 동안 그들이 알던 것들이 모두 분해되고 다시 조립되었어요."

그것이 슈퍼캠프에서 일어나는 일이다. 하지만 이것이 열흘 동안 한 번에 일어날 필요는 없다. 많은 십대들이 자신들에게 정말 기적 같은 일이 벌어졌고 프로그램 동안이 아니라 일주일 혹은 한 달이 지난 시점에서도 날마다 그런 일들이 벌어지고 있다고 썼다. 매일 상황을 살펴보고 판단할 수 있는 기회가 생긴다고 했다. 그 시간은 그들이 삶을 바꿀 수 있을 시간일 수도 있다.

헤이디 풀러라는 학부모는 이런 내용의 편지를 보내왔다.

"아들이 슈퍼캠프가 끝나고 돌아와서 한 말을 내가 사용하는 단어들로는 정의할 수 없었습니다. 그는 이전에 두려움에 가득찬 단어들을 사용했지요. 하지만 지금은 간단한 단어지만 포옹, 우정, 가까움 같은 단어들을 사용한답니다. 그는 포옹할 수 있는 친구를 찾았다고 했어요. 그러면서 우리를 껴안았어요. 내 눈길을 사로잡은 것은 그의 손톱이었어요. 어떤 소녀가 그의 손톱에 펜으로 색칠한 것이라고 하더군요. 그는 'NO! FIMAGE'(자신이 어떻게 보일지에 대한 두려움을 버린다)라는 문구가 쓰인 티셔츠를 입고 우리에게 보여 주면서 자신은 자기 이미지를 버린 것에 대해서 전혀 후회가 없고 두렵지 않다고 말했습니다. 이 모든 것을 단 한 번에 표현할 가장 좋은 방법은 '바보 같은 캠프'라고 하던 이 아이(그는 슈퍼캠프가 몇몇 학습법을 다루는 그런 캠프라고 생각해 하찮게 여겼지요)가 내년에도 캠프에 보내 줄 수 있느냐고 묻고 캠프에서 만난 친구들을 다시 만나고 싶다고 한 것입니다. 수많은 걱정과 갈등으로 몇 년을 보낸 후에 느낀 이 희망과 낙관적인 감정을 뭐라고 표현할 방법이 없습니다."

아이들은 우리 프로그램에서 발견한 것들을 집으로 가져간다. 그들이 우리를 떠나서도 배운 것을 유지하고 일상생활에 적용하도록 돕는 것이 우리의 의도이다. 십대들, 부모님 그리고 선생님들이 우리에게 보내 온 편지들을 보면 아이들은 슈퍼캠프에서 배운 과정들을 그들의 학교나 집에서도 적용하고 있다고 한다. 결국은 아이들이 캠프 밖의 세상에서도 영향력을 발휘할 수 있느냐가 중요하다.

대부분의 십대들은 우리에게 올 때 하나 혹은 우리가 언급했던 일곱 가지 이상의 문제들을 모두 가지고 있기도 하다. 아이들이 열흘 뒤

떠날 때에도 문제는 여전히 있지만, 문제를 향한 그들의 태도는 바뀌어 있다. 꼬리표는 여전히 달려 있지만 자신이 그 꼬리표보다 훨씬 큰 존재라는 것을 알게 되었다. 학교 과제는 여전히 벅차지만, 이제 아이들은 과제와 씨름할 때의 즐거움과 자신감, 목적, 그리고 몇 가지 역동적인 공부 습관을 가졌다. 부재한 부모의 빈자리는 여전히 있었지만 그들은 분노를 다루는 방법을 알게 되었고 그것이 다른 관계들까지 독이 되게 하지 않을 것이다.

그렇다면 부모는 무엇을 해야 할까? 십대들이 세상에 대한 자신의 성향을 바꾸는 동안, 부모는 자녀를 대하는 방향을 바꿈으로써 그들과의 관계 변화를 용이하게 할 수 있다. 계속 같은 행동을 하면서 달라진 변화를 기대할 수는 없다. 가족이 함께 춤을 배운다면 항상 최고로 잘할 수는 없겠지만 최소한 서로 어떻게 스텝을 밟는지는 알고 있어야 한다. 파트너 중 한 명이 스텝을 바꾼다면 보통 다른 파트너도 이에 상응하는 스텝으로 바꾸거나 혹은 둘 다 예전의 스텝으로 바꿔야 할 것이다.

슈퍼캠프 졸업생들의 부모들은 그 변화가 계속 일어나기를 바란다. 그래서 우리는 후속 지원 프로그램을 비롯해 부모를 위한 주말 프로그램을 운영한다. 이것은 모두 부모들의 열망을 지지하기 위한 수단이며 많은 이들이 여기서 얻은 단서들을 자녀에게 바로 적용한다. 부모들이 자녀와 상호작용하는 방식을 바꾸면 아이들은 변화를 위한 준비를 하기 시작한다.

이러한 생각들을 염두에 두고, 아이들이 직면한 일곱 가지 도전 과제들을 스스로 어떻게 강점으로 바꾸는지 살펴보자.

 **문제투성이인 인간관계도
충분히 회복할 수 있다**

우리는 회복될 수 있는 방법을 찾은 부모와 십대들의 이야기를 듣는 것을 좋아한다. 우리는 아무리 숨기고 상처를 입어도 사랑과 유대감이 여전히 그곳에 있다는 것을 믿는다. 용기와 사랑으로, 십대들과 부모들은 다시 연결될 수 있고 다시 관계를 쌓을 수 있다.

2장에서 나왔던 앤디 이야기를 기억하는가? 그는 어머니의 노트북을 빌려 달라고 하면서 이를 어머니가 당연히 자신에게 갚아야 할 빚처럼 생각하는 아이였다. 자기 세계에서 나와 다른 사람들의 세계도 알아가면서 그의 태도는 변하기 시작했다. 그는 다른 사람들의 삶에 대해 알아가기 시작하면서 자신이 누리는 것들에 대한 감사함을 어머니에게 더 표현했어야 한다는 것을 깨달았다고 말했다. 그는 자신이 무언가를 요구할 때 왜 필요한지에 대해 설명하고 부탁하는 것을 계속해서 훈련했다. 만약 어머니가 거절하더라도 그는 그 대답을 받아들였다. 더 요구하지도 않았고, 목소리를 높이지도 않았고, 버릇없는 태도를 보이지도 않았다.

무엇이 앤디와 어머니를 변하게 만들었을까? 우리는 관점의 변화가 그 이유라고 본다. 즉 어떠한 것을 볼 때 다른 사람의 관점에서 보는 것이 그들을 변화시켰다. 십대와 부모가 서로를 이해하기 위해서 노력할 때 그들 사이에는 믿음이 형성된다. 그들은 자신의 말을 상대가 들어줄 것이라는 걸 알고 자신의 관점이 존중받을 것이며, 판단당하지 않고, 비웃음을 받지 않을 것이며 비난받지 않을 것이라는 걸 믿는다. 그저 다른 사람의 관점을 존중하는 것만으로도 그들의 관계에는 힘이 생긴다.

또한 부모들은 자녀의 사생활을 존중할 때 그들 사이의 일이 더 나아진다는 것을 배웠다. 십대들은 이제 막 부모와 분리된 독립체라는 것을 알아야 한다. 아이들이 분리된다는 것은 상처를 입기 쉽다는 뜻이기도 하다. 아이들은 사생활을 존중받길 굉장히 원한다. 아이들은 자신의 장소와 소지품에 대해 자기가 어른들을 존중하듯이 같은 존중을 받길 원한다.

많은 부모들이 자녀들과 보내는 시간을 늘릴수록 아이들이 올바른 길로 간다는 것을 알게 되었다. 아이들은 그들이 원하든 원하지 않든지 부모의 우선순위가 자신들이라는 것을 안다. 자신을 우선으로 생각하고 존중하는 부모 밑에서 자신을 형편없다고 생각하거나 부모에게 화를 내기는 쉽지 않다.

같은 관심사에 대해서 대화를 하는 것은 부모와 자녀 사이에 긴장감이 있을 때에도 의사소통의 창을 열어 있도록 하는 좋은 방법이 될 수 있다. 자녀와 스포츠, 취미 생활, 혹은 다른 활동을 공유하는 부모는 접촉을 통해서 유대감을 쌓아 가고 있는 것이다.

유대감과 상호 간의 존중. 이것은 부모와 자녀 사이에 다리를 만드는 데 중요한 재료가 된다. 그 재료들은 앞서 배운 기본 의사소통 기술인 의사 전달 기술(OTFD) 또는 사과하기(AAMR)를 통해서 이루어질 수 있다.

 아이는 어떻게 상처를 극복하는가

마음속 깊은 곳에 자신에 대한 실망을 가진 사람들은 실패와, 꼬리표 달기와 거부 등을 뛰어넘기가 쉽지 않다. 그들이 자신에 대해서 잘 알 때, 다른 사람이 붙여준 꼬리표를 떼어 낼 수 있다. 또한 그들이 실패를 다음 시도에 대해 좋은 정보를 모으는 것이라고 생각한다면 계획한 결과가 나오지 않더라도 엇나가지 않을 수 있다.

자아 발견을 꾸준히 하는 십대들에게 캠프가 끝나도 남는 것은 긍정적인 경험이다. 자신이 누구고 무엇을 좋아하는지 알고, 자신의 정체성과 열정을 행동으로 표현하고, 세상이 진정한 내 모습을 보게 기회를 주는 것이 그들이 할 행동이다. 자녀의 관심사를 지지해 주고 응원하는 부모는 그들이 거절당하거나 제지당하는 것을 견딜 수 있도록 강해지는 것을 도와줄 수 있다. 십대들이 새로운 방법을 익히고 변화된 태도를 가지고 집으로 돌아올 때 가족도 함께 변화해야 한다. 부모들은 자녀에게서 새로운 방법으로 의사소통하는 것, 사과하기 그리고 자신의 요구를 알리기 등과 같은 방법들을 배울 수 있다. 그들은 새로운 방법으로 상호작용하고 생각하는 방법을 배울 기회가 있다.

아이들은 자신이 멋진 경험을 한 것처럼, 다른 사람에게 자신의 신념을 제안하고 싶어 한다. 누군가 웃음이 바보 같다고 하자 책 속으로 도망쳤던 애슐리는 원래 자신의 모습으로 있는 것이 멋지다는 사실을 깨달았다. 그녀는 여전히 책 읽는 것을 좋아하지만 이제 그녀는 여러 사회 활동을 한다. 많은 사람들이 그녀와 함께 웃음을 나누고 싶어 한다.

부정적인 자기 이미지를 떨쳐 내고 도전하라

부정적인 자기 이미지를 가진 십대들은 그들과 부모가 끊임없이 긍정적인 일에 집중을 하고 있을 때 — 부모는 아이의 훌륭함을 가장 잘 확인시켜 줄 수 있다 — 진정 자신을 꽃피울 수 있다. 아이들이 자신의 모든 노력에 대해서 인정하고 노력한 모든 성과에 대해서 칭찬할 때 이것은 그들이 한 행동에 대해서 칭찬하는 것이기도 하지만 그들이 어떠한 사람인지에 대해서 칭찬하는 것이기도 하다.

이것은 구르고 있는 눈뭉치처럼 시간이 지날수록 커진다. 성공은 또 다른 성공을 낳는다. 그런 뒤 아이들은 전환점에 도달한다. 부정적인 이미지는 사라지고, 그들의 안에 있는 발전기가 급속하게 돌아간다. 한 번 성공에 대한 감각을 익히면, 그들은 자신이 얼마나 능력 있는지를 확인하게 되고 무엇도 그들을 멈출 수 없다. 선생님에게 멍청하다는 소리를 듣던 메디는 다른 사람들에게 영감을 줄 수 있는 훌륭한 일을 하는 사람이 되기로 결심했다. 그녀에게 있던 수줍음과 의구심은 사라지고 어느새 자신에 대한 확신과 자신감으로 가득했다. 영재반에 들어가기에는 너무 멍청하다는 소리를 들었던 소녀는 AP(우수반) 독해에서 우등생이 되었고 AP 수학과 물리학에서도 능력을 발휘했으며 지역 봉사 활동에서도 여러 상을 받았다.

항상 새로운 발명품을 만들고 질문을 해서 배척을 받았던 던칸은 획일성을 요구하는 사회적 관습이 자신의 엄청난 재능을 붙잡고 있는 것을 알게 되었다. 그는 이를 떨쳐 내고 바로 도전했다. 지금 그는 대학에서 세 분야의 전공을 마쳤다.

슈퍼캠프 졸업생 네헤미아 그린은 우리에게 자신의 이미지에 대해서 되돌아봤을 때 어땠는지에 대해서 썼다. "이제 저는 다른 사람들과 이야기할 때 그들의 눈을 들여다보는 걸 두려워하지 않아요."

이것은 부끄러워했던 아이들이 당당히 일어나 자신감을 가지고 세상과 직면한 것을 보여 준다. 자신감은 자신만이 얻을 수 있는 것이고 다른 사람이 건네줄 수 없는 것이다. 부모는 자녀 주위에서 그들의 훌륭함을 확인시켜 줄 수 있다. 그것이 바로 인식과 인정하는 태도다.

 부모가 아이의 모습에 확신을 가질 때,
아이는 삶의 변화를 잘 준비할 수 있다

부모들은 가끔 자녀들이 엄청난 변화와 힘든 환경 속에서도 잘 해내고 있는 것에 놀라기도 한다. 슈퍼캠프 졸업생 브렛 힉던은 우리에게 "마음이란 건 참 강력하고 어떠한 것도 해낼 수 있는 엄청난 능력이 있는 것 같아요"라고 말했다.

부모들은 자녀가 힘든 시간을 겪고 있을 때, 자신들이 해 줄 수 있는 것은 그들이 어떤 것을 필요로 하는지 알기 위해 귀를 쫑긋 세우고 들어주는 것밖에 없다고 말한다. 그들이 물어보는 것은 답을 필요로 하는 걸까? 그들은 자신이 혼자 극복해 나갈 작은 공간이 필요한 것일까? 십대들은 누군가 자신의 이야기를 경청해 주고, 자신의 관점이 존중받는다고 느끼면 필요로 하는 게 무엇이든지 파괴적인 일에 휘둘릴 가능성이 적다.

십대들은 감정적으로 예민하다. 하지만 우리가 아이들에게서 본 것은 그들이 힘을 저장한다는 것이다. 우리가 시간이 지나서 다시 아이들을 봤을 때에도 그들은 여전히 자신의 모습 그대로였다. 무엇도 그들에게서 자신의 진정한 모습을 빼앗아 갈 수는 없다. 부모가 자녀의 모습에 확신을 가질 때 그들은 삶의 변화와 도전에 있어서 더 잘 준비할 수 있다.

 아이에게 맞는 학습법과 학습 공간을 제공하라

십대들은 슈퍼캠프에서 배움에 대한 열정을 불태운다. 부모들은 어떻게 하면 자녀의 흥분을 집까지 가져갈 수 있을지 열정적으로 방법을 적는다. 집에 학습 공간을 만든 부모들은 자녀들이 슈퍼캠프에서 배운 공부 기술들을 유용하게 사용하는 것을 발견했다. 이 방법들을 터득하는 것은 아이들의 자신감을 높이기도 한다. 슈퍼캠프 졸업생인 그레이슨 허드는 이렇게 적었다. "어떠한 의미에서 고등학교는 나의 도구와 방법들 덕분에 중학교보다 훨씬 쉽게 느껴졌다."

자신만의 개인적인 학습 공간을 갖는 것은 도움이 된다. 불이 밝거나 어둡거나, 엄청 조용하거나 소음이 심하더라도 자신만의 학습 공간이 있는 것은 아이들이 배우는 데 큰 도움이 된다. 그레이슨은 규칙적인 공부 시간을 정해 놓는 것도 도움이 된다고 말했다.

방법과 공간을 제외하고, 집중력을 유지하고 재미있게 공부하는 것이 중요하다. "피터가 학교를 좋아하는 것을 알게 됐어요!" 이렇게 말하면서 J. 콜브 박사는 새로 발견한 아들의 자신감을 얘기했다. "그는 이제 당당해졌어요!" 배우는 것은 모험이다. 이러한 마음가짐을 한 아이들은 더 잘하고 더 멀리 나아간다. 코디라는 아이를 기억하는가? 부모는 그가 언젠가는 평균 점수를 받았으면 하는 소망을 가지고 있었다. 그의 어머니는 우리에게 "방금 코디의 성적표를 받았는데 그가 우등생 명단에 있어요!"라는 편지를 보내왔다.

 집중력을 기를 수 있는 방법을 익히게 하라

부모들은 자녀의 부족한 집중력에 좌절한다. 이는 자신들이 어떻게 해야 할지 모르기 때문이다. 그들은 자녀 탓을 하기도 한다. 많은 것들이 십대들의 집중력에 영향을 끼칠 수 있지만 대부분의 경우 가장 큰 이유는 집중력 기술이 부족한 것과 지루함이다. 자녀들의 꿈을 응원하는 부모들은 집중력 부족이 아이 스스로 고쳐야 하는 문제라는 것을 알게 된다.

아이들이 자신의 열정을 갖기 시작했을 때는 심지어 자신이 결점으로 생각한 것들까지 강점이 될 수 있다. 집중력이 부족한 데이비드는 우리에게 주의력 결핍 장애가 자신의 걸림돌이라고 했다. 주의력 결핍 장애의 특징 중 하나는 흥미가 없으면 집중할 수 없고, 약으로도 해결이 되지 않는다는 것이다. 하지만 대부분의 사람은 흥미 있는 것에는 엄청난 집중력을 발휘하기 마련이다. 데이비드는 이렇게 말했다.

"저는 제 자신이 원하는 것을 찾았어요. 약을 먹는 것조차 잊어버릴 정도로 흥미로웠고 그 일을 하면서 살고 싶어요. 슈퍼캠프에서 배운 특별한 방법으로 한 번 집중하니 저는 주의력 결핍 장애와 열정과 제 집중력 기술을 이용할 수 있었어요. 결국, 저는 완전히 약물 치료를 그만둘 수 있게 되었어요. 저는 제 일을 사랑하고 정말로 그 일에 매혹되어 있어요."

아이가 잠재력을 극대화시킬 수 있도록 도와줘야 한다

자신에게 잠재되어 있는 엄청난 능력을 끌어내는 것을 지루하게 여길 사람은 없다. 사람들은 성공 경험에 대한 감각이 충분하면 그것을 잡는다. 그들은 갈증을 느끼고 한계를 초월하고 기대치를 높인다. 많은 부모들이 우리에게 자녀들이 자기 능력 이하의 성적을 낼 때와 그들이 사춘기와 함께 변하기 시작할 때 그들을 바라보는 시선이 달라졌다고 한다. 실패에 집착하고, 낮은 성적, 노력 부족, 그리고 문제들은 아이들의 상황을 더 악화시킬 뿐이다. 부모들이 아이들의 성공과 재능, 승리에 집중한다면 아이들은 자신의 가능성을 깨울 것이다.

"나는 내가 목표한 것을 무엇이든지 이룰 수 있어요"라고 자넬 윌번은 썼다. "나는 포기하고 시도하지 않기보다는 도전을 받아들일 준비가 되어 있어요. 내가 만약 내 두려움과 직면한다면 나는 내가 무엇을 하든 인생에서 성공할 수 있다는 자신감이 생긴다는 것을 깨달았어요."

자신을 더욱 나은 사람으로 만들기 위해
– 슈퍼캠프 학부모 특강에서 배우다

- 긍정적인 말을 사용하고 간결한 지시를 하라.
  "재킷 벗는 걸 잊지 마."
- 아이를 야단쳐야 하는 일인지 생각해 보라.
  지저분한 방이나 헤어스타일 등은 꼭 혼낼 일은 아니다.
- 아이에 대해서 알라.
  아이가 좋아하는 음악, 아이돌, 옷 등등.
- 슈퍼캠프의 제일 중요한 원칙을 참고하라.
  그들의 것은 우리의 것, 우리의 것은 다시 그들의 것.
- 아이에게 너무 많은 질문을 하지 말라.
  십대들은 이걸 정말 싫어한다.
- 아이에게 선택권을 주어야 한다.
  "아침으로 뭐 먹을래?"라고 묻기보다는 "아침으로 빵을 먹을래? 시리얼을 먹을래?"라고 묻는다. 아직 미성년자니 방향성을 제시하되 선택은 자신이 하도록 한다.
- 아이가 알게 하라.
  "난 항상 널 위해서 그 자리에 있을 거야. 난 널 포기하지 않아."

- 아이가 부모의 감정을 언제 상하게 하는지 알게 하라.
- 귀여운 그림과 짧은 메모들을 아이의 파일에 넣어 두라.
  그들이 항상 사랑받고 있고 고마움을 느낄 수 있도록 말이다.
- 아이들이 구사하는 유머와 농담을 주고받으라.
- 부모가 먼저 장난치고 바보같이 굴고 미친 듯이 행동하라.
  이것은 엄청난 유대감을 형성한다.
- 아이가 있는 자리에서 그들 이야기를 하지 말라.
  "아저씨에게 네가 학교에서 맡은 일에 대해 말해 보렴."
- 부모가 스스로 먼저 슈퍼캠프에서 배운 학습법을 활용함으로써 아이에게 자신이 정말 사용하고 있고 그것들을 믿고 있다고 알려 주어야 한다.

— 학부모 수 싱클레어 페파

아이가 훌륭하게 되는 연결 고리를 어떻게 만들 수 있을까

이제 우리에게는 슈퍼캠프가 끝나기 전 몇 분만이 남아 있다. 부모들은 자녀들과 다시 만나는 것을 대비해 왔다. 그들은 기대하는 것에 대해서 얘기했지만 여전히 조마조마했다. 문이 열리고 아이들이 손에 파일을 든 채로 나타났다. 부모들은 자녀를 찾고 있었다. 그리고 눈물을 흘렸다.

졸업식과 마무리 행사가 끝나고, 대부분의 아이들은 부모에게로 가서 그들을 껴안았다. 이 가운데 몇몇 부모들은 아이한테 포옹을 받아 본 게 몇 년 만인 사람들도 있었다. 엄청난 일이 벌어졌다. 아이들은 고개를 꼿꼿이 들고 있었다. 그들이 모두를 보는 눈에는 자신감과 힘이 깃들어 있었다. 벽은 허물어지고 가면은 벗겨졌다. 그리고 무엇보다도 가장 눈에 띄는 것은 사랑이었다.

몇 분 동안, 며칠 동안, 그리고 몇 주 동안 아이들은 가족들에게 자신이 얼마나 비상한 사람인지 알게 된 과정에 대해서 모두 이야기할 것이다. 그리고 그들은 각자 자신의 방법으로 부모의 지지에 감사하다고 표현할 것이다.

우리는 이를 일대일 대화와 무대에 한 명씩 나와 감정을 나누는 시간에 많이 들어왔다. 심지어 이 프로그램에 참여하길 거부했던 아이들조차도 그들이 여기에 있는 걸 감사하게 여기게 되었다. "여기 오기 전 부모님께 절 보내지 말라고 애원했어요. 지금 부모님께 저를 여기에 보낸 걸 감사하다고 말하고 싶어요. 저는 제가 그만큼의 가능성이 있는 줄 몰랐어요."

아이와 그 자신의 훌륭함을 이어주는 연결 고리를 만드는 방법은 순간순간 자신에게 집중하는 것이다. 그들은 상황에 대처하는 자신의 모습을 보면서 나머지 세상과의 관계도 만들어 갈 것이다. 슈퍼캠프 프로그램이 성공 사례가 된 이유 중 하나는 우리가 의도적으로 이러한 순간들을 만들기 때문이다. 하지만 이러한 순간들은 모두의 일상에서 자연스럽고 끊임없이 일어날 수 있다. 그것은 언제든, 어떤 장소에서든 누구에게나 일어날 수 있다. 문제는 그러한 순간이 제공하는 기회를 잡을 재능이 그 사람에게 있느냐다.

부모는 자녀가 훌륭하게 되는 데 자신이 영향을 줄 수 있다고 생각하기도 한다. 하지만 이를 실행하기란 쉽지 않다. 아이들이 크는 10년 동안 부모는 자녀가 원하는 것을 해 주기 위해 그들이 할 수 있는 일은 다 했다. 하지만 이제 그들의 자녀는 자신의 눈으로 세상을 바라보고 있고 부모가 그들을 위해 해 줄 수 있는 시간도 지나갔다. 이제 부모가 할 일은 자녀가 충돌에 저항하는 법을 배우는 동안, 사랑하는 마음으로 물러서서 긍정적인 힘을 불어넣어 주며 그들을 지지하는 것이다.

우리가 아이들에게 모든 선택권을 넘겨줄 순 없다. 하지만 우리는 아이들이 그러한 순간을 경험할 수 있도록 응원해 줄 수 있다. 그리고 그들이 그 순간이 어떠한지에 대해서 말할 때 귀 기울여 들어줄 것이다.

슈퍼캠프 졸업생 루시는 이렇게 말했다. "저는 제 자신이 행복한 사람이라는 것을 발견했고 더욱 만족스러운 삶을 살고 있어요." 이게 바로 우리가 십대들에게 원하는 것이다. 우리는 모든 아이들이 훌륭해질 가능성과 비범하게 살 능력을 갖고 있으며 그들의 개성을 세상과 나눌 수 있다고 생각한다. 하지만 우리는 아무에게나 훌륭한 아이가 되라고 강요할 수는 없다. 청소년들은 자신의 훌륭함을 끌어낼 수 있을지 없을지를 스스로 결정해야 한다. 결국, 모든 부모들과 선생님들이 할 수 있는 것은 아이들을 믿어주고, 이야기를 잘 들어주고, 그들이 세상이라는 무대 위에 오르는 경이로운 모습을 확신으로 바라보는 일이다.

SuperCamp

부록

"슈퍼캠프는 아이의 미래를 위한 가장 가치 있는 투자였어요"

슈퍼캠프를 통해 아이들은 성공의 열쇠와 생활의 나침반을 갖는다

아이들, 특히 십대인 경우에 자녀 양육은 벅찬 도전입니다. 긍정적인 열망을 가진 제 아이들에게는 매일매일이 새롭습니다. 아이들은 독특하고 매우 개성적인 인격, 능력, 그리고 학습 스타일을 가지고 있습니다. 아이들이 태어나기 전, 제가 학생이었을 때의 경험으로 본다면, 학구열은 아이들이 학습에 몰두하도록 하는 가장 중요한 자산이라고 알고 있었습니다. 그러나 아이들을 키우다 보니 좋은 계획들도 항상 실행되는 것은 아닙니다. 아이들에게 특별한 재능이 있다는 것을 알고 있지만 학교에서의 평가나 행실이 여러분의 기대와 차이를 보인다면 부모로서 여러분은 어떻게 하나요? 부모로서 선입견을 가지게 되지 않을까요? 바로 그렇습니다!

여러분은 현재의 교육 제도에서 잘 배울 수 있는 적절한 열쇠가 있나요? 아이들이 성장하면서 당연히 겪거나 또는 잠재적으로 직면하게 되는 부정적인 피드백들로부터 어떻게 그들을 보호할 수 있을까요? 아이들이 성공적이고 의미 있게 그리고 감정적이고 풍성한 생활을 영위할 수 있게 하기 위해서, 우리는 어떻게 행동하고 양육하며 또 가치를 부여하고 훈련시켜야 할까요? 우리 세 아이들은 각각 서로 다른 삶의 도전 과제를 가지고 있고 자부심과 학습 동기에서 차이를 보였습니다. 하나의 교육 모델이 모든 아이들에게 맞지는 않는다는 것은 매우 자명한 사실입니다. 퀀텀 학습 프로그램(슈퍼캠프의 기초가 되는 학습법) ─ 가르치는 방법과 그 기술, 학습 환경, 개인의 학습 채널의 활용, 긍정적 기대, 삶의 기술 등 ─ 의 경험을 통해 우리 아이들은 사회에 기여하는 균형 있고 행복하고 성공적인 성인이 되었습니다. 우리 아이들은 어떤 학습 상황에서도 가장 잘 성취할 수 있는 방법을 배웠고, 자신의 학습 스타일과 상황에 필요한 적응을 할 수 있는 방법도 알게 되었습니다. 가장 중요한 것은, 주위 사람들에게도 해결 방법과 기회를 기꺼이 제공해 도움을 주는 영향력 있는 사람들이 되었다는 겁니다. 아이들은 슈퍼캠프에서 습득한 삶의 경험과 여러 기술 도구들을 각자 자신에 맞도록 학습 경험과 통합했습니다. 이것은 아이들에게 행복하고 의미있고 성취감을 느낄 수 있는 삶으로 이끄는 나침반 역할을 해 주었습니다. 아이들 모두 수석으로 대학을 졸업하였고 현재 사회에 의미 있고 이바지하는 일을 하고 있습니다.

─ 미국 캘리포니아 주의 오닐 가족(드와이트, 메를, 제시카, 버키, 앰버)

학습 능력을 높여 주다

우리 딸 애슐리는 항상 뛰어나고 지적이며 호기심 많은 아이입니다. 그러나 사춘기가 오면서, 애슐리는 좌절하며 체계적이지 못한 모습을 보였고 학습 동기를 잃었습니다. 우리는 애슐리의 학업 능력이 계속 떨어져서 앞으로의 삶에 큰 손해를 가져올 정도로 떨어지지 않을까 점점 걱정하게 되었습니다. 다양한 교육 전문가와 상담하고 가정 교사를 두어 보기도 한 후에 우리는 결국 애슐리를 스탠포드 대학교의 슈퍼캠프에 보내기로 했습니다. 이 결정을 애슐리는 별로 탐탁하게 생각하지 않았습니다. 우리는 애슐리가 항상 지적인 도전만 즐겼던 점이 특히 걱정이었습니다. 딸은 슈퍼캠프에서 처음엔 교육에 잘 따르지 않았지만, 곧 아주 뛰어날 정도로 긍정적이고 도전적인 모습으로 바뀌었습니다. 슈퍼캠프가 끝나고, 우리 가족은 공항에서 애슐리를 만났습니다. 우리가 환영한 그 어린 숙녀는 슈퍼캠프로 떠나기 전과는 사뭇 달라져 있었습니다. 그녀는 안정적이고, 확신에 찼으며, 집중력과 생각이 깊어졌고, 책임감도 보였습니다. 우리는 기뻤지만 한편으로 슈퍼캠프의 짧은 기간으로 볼 때 그런 변화된 모습이 지속될 것 같지는 않았습니다. 하지만 우리 딸에게 뚜렷한 변화가 생겼습니다. 다음 해뿐만 아니라 이후에도 아이는 다시 슈퍼캠프에 보내달라고 했습니다. 우리는 딸의 열정을 기쁜 마음으로 받아들였습니다. 두 번째 슈퍼캠프를 경험을 하고 나서, 딸은 더 큰 변화를 보였습니다. 애슐리는 책을 더 잘 이해하면서도 네 배나 빨리 읽기 시작했습니다. 그녀는 학습 이해력을 높여 갔고 도전 과제들에 대한 접근 방법을 발전시켰습니다. 게다가 애슐리는 학습에 집중력을 발휘하며 어린 시절처럼 진심

어린 열정을 다시 보였습니다. 또 전에는 몰랐던 수학과 과학의 재미를 알게 되었습니다. 애슐리는 고등학교 학업 성적이 놀라울 정도로 좋아졌고 대학 1학년까지도 계속 좋아졌습니다. 대학 1학년을 마치고 월반을 하게 되었으며 3학년 과정을 마쳤습니다. 애슐리는 대학에 다니는 것을 좋아했고 매우 동기가 높았습니다. 제 딸이 다시 공부에 집중하고 학습 능력을 높이면서, 우리는 퀀텀 학습법의 도움을 많이 받았습니다. 제 딸의 변화와 앞으로의 삶에 미칠 영향을 생각하면 그 고마움은 말로 표현할 수 없을 정도입니다. 이런 여러 상황으로 볼 때, 제 아들도 이번 여름에 슈퍼캠프에 다시 참가할 것으로 보입니다. 저는 아들이 고등학교를 졸업할 때까지 계속 보내려 합니다. 우리 가족 모두를 대신해서 고맙습니다.

- 미국 뉴멕시코 주의 로버트 J. 라이드와 홉스

자존감을 심어 주다

래리와 나는 아이 다섯 모두를 슈퍼캠프에 보냈습니다. 그들 가운데 일부는 여러 번 참석하기도 하였습니다. 처음에 아이들은 아는 친구도 없고 지루해 보인다며, 아무도 가고 싶어 하지 않았습니다. 그렇지만 슈퍼캠프의 경험으로 인해, 우리 아이들은 학교에서 리더십을 보이기 시작했고 지역 사회에도 봉사를 하게 되었습니다. 아이들은 특히 가족 관계의 소중함을 배웠습니다. 자녀들은 여전히 캠프에서 배운 4단계 사과의 기술을 활용하고 있습니다. 슈퍼캠프에서 얻은 경험들 덕분에, 아이들은 자아를 찾아가게 되었고 자존감에 대해 인식하게 되었습니다. 나아가 선하고 가치 있으며 사랑하는 마음을 알게 되었습니다. 그리고 슈퍼캠프에서 만난 친구들과도 여전히 연락하며 10년 넘게 우정을 쌓아 가고 있습니다.

— 미국 애리조나 주의 켈리 라일 하트스타인

아이들의 잠재력을 발휘하게 해 주다

우리 아이 다섯 명 모두 슈퍼캠프에서 배웠던 방법들을 사용하는 것을 볼 수 있었습니다. 장점 한두 개만으로는 지금 아이들을 표현할 수 없을 정도입니다. 우리 아이들이 주변 환경의 희생양이라는 뿌리 깊은 제 생각을 산산이 부쉬 버린 점이 부모로서 가장 좋았습니다. 슈퍼캠프 이후 아이들 모두 전에는 찾아볼 수 없었던 능력을 발휘하기 시작했습니다. 진심으로 감사드립니다.

— 미국 애리조나 주의 래리 하트스타인

학교 생활의 동력을 얻게 해 주다

대런과 저는 여름 슈퍼캠프에 보낸 두 아이들이 놀라울 정도로 삶을 변화시킨 것을 보고 부모로서 잘한 결정이었다고 말합니다. 아들 오스틴은 모든 면에서 평범한 아이였습니다. 우리는 청소년 임원 모임을 통해 슈퍼캠프를 알게 되었습니다. 우리는 모임 회원에게 이메일을 보내 교육적인 내용을 다루는 캠프에 대해 문의를 했는데, 1주일 내에 회원 다섯 분이 슈퍼캠프에 대한 답장을 주었습니다. 그들 모두 자녀들을 적어도 한 번, 많게는 세 번까지 캠프에 보냈습니다. 오스틴은 캠프에 참가하기로 했지만 캠프에 가기 전까지도 "따분한 캠프일 거야"라고 귀찮을 정도로 말했습니다. 열흘이 지나 아이를 데리러 갔을 때, 새로 사귄 친구들과 서로 진정으로 아끼는 모습을 보고 매우 놀랐습니다. 졸업식은 경이로웠습니다. 제 아들이 참여한 활기 넘치는 무대를 잊을 수가 없었습니다. 지난 열흘 만에 모든 것이 확실히 바뀌었습니다. 그 학기에는 학교 내 몇몇 우수 클럽에 참여했고, 선생님과 학생들이 지명하는 명예 학생 단체 및 우수 리더십 그룹에 선택되었습니다. 또한 아들은 많은 새 친구들을 사귀었습니다. 학기 중간쯤에는 저희에게 동기와 활력을 유지하기 위해 슈퍼캠프에 다시 참여하고 싶다고 말했습니다. 고등학교 3학년 동안에도 흐트러지지 않고 지내다 대학에 지원하였고, 고등학교 최고의 영예상인 'All Coronado Boy'로 선정되었습니다. 제 아들이 보여 준 성과와 우정, 참여 의식과 리더십은 대학생인 지금도 이어지고 있습니다.

- 미국 텍사스 주의 마리아 우디

자신의 강점을 인식하고 실행하는 능력을 길러 주다

우리 딸은 슈퍼캠프를 통해 또래들이 자신을 어떻게 생각할지 걱정하지 않고 자신을 믿는 확신을 가지게 되었습니다. 자신의 강점을 인식하는 기술과 다짐한 대로 실행하는 능력도 갖게 되었습니다. 슈퍼캠프에서 배운 여러 방법들은 딸의 모든 삶에 영향을 주었습니다. 그리고 딸은 매일 그 기술들을 활용하고 있습니다. 우리는 평생 슈퍼캠프에 고마움을 느낄 겁니다. 그리고 강력히 추천합니다. 슈퍼캠프는 WORK(열심히 임무를 다 한다는 뜻)한다!

- 미국 조지아 주의 제넷 왈드먼

리더십을 길러 주다

제 딸 데번은 부끄러움을 잘 탔습니다. 하지만 슈퍼캠프를 다녀오고 나서는 용기와 자신에 대한 확신을 가지게 되었고 3학년 때 리더십 팀의 일원이 되었습니다. 다른 부모의 기준으로 보면 그다지 큰 성과는 아닐지 모르겠지만, 저희에게는 아주 큰 도약이었습니다. 수줍음을 너무 많이 타서 홀로 지내왔기 때문에 친구를 사귀어야 했는데, 슈퍼캠프에 참가한 이후에는 자신에 대한 확신과 자율성이 커졌습니다. 지금은 슈퍼캠프에서 배운 기술로 자기 확신을 가지고 변화와 도전에 기꺼이 맞서면서 활기차게 활동하고 있습니다. 데번이 삶을 포용하면서 그녀의 선택에 만족해하는 것을 옆에서 바라보는 것은 매우 기쁜 일입니다. 제 딸이 성취하고 뛰어넘을 기회를 주어서 무한한 감사를 드립니다.

— 미국 캘리포니아 주의 로리 클레어 쿠퍼스미스

● 다음은 한국 슈퍼캠프에 참가한 십대들과 그들의 부모가 보내온 글입니다.

슈퍼캠프는 아이 스스로 삶의 주인이 되는 경험을 제공한다

"마치 요리를 글로 배우는 느낌이었어요." 얼마 전 대학원 과정으로 들어온 신입생이 전공 관련 논문을 읽고 난 소감이었다. 요즘은 정보의 홍수 시대다. 책, 신문, 인터넷, 방송 등 어디에서나 성공하는 법, 돈 버는 법, 역경을 극복하는 법 등 도저히 피할 수 없을 만큼 수많은 정보들이 우리에게 쏟아진다. 하지만 돈 버는 비책이 적힌 책을 읽고 큰돈을 번 사람이 얼마나 될까? 정말

운 좋은 사람이 아니고는 공개된 정보를 통해 큰돈을 벌기란 쉽지 않다. 아마도 책을 읽으면서 자신에 대해 크게 깨달아 용기를 가지고 꾸준히 노력하고 도전한 사람들만이 성공할 가능성이 있을 것이다.

이와 비슷한 경험은 아이를 키우는 부모들에게도 익숙하다. 좋은 환경을 마련하고 부모의 성공 경험을 주옥 같은 말로 전달한다 해도 듣는 아이들은 애타는 부모 마음 같지 않다. 아이들은 몸으로 부딪히고 행동하면서, 특히 또래와의 경험을 통해 느끼고 배우는 것 같다.

내가 지켜본 슈퍼캠프는 아이들로 하여금 특별한, 자신이 특별해지는, 행동과 경험을 끊임없이 할 수 있도록 한다. 아이들은 이렇게 자신이 특별해지는 환경 안에서 자신의 내면을 들여다보는 경험으로 자신의 생각을 정리하고 자신을 괴롭히는 불편한 것들을 볼 수 있게 된다. 머리가 아닌 몸과 마음으로 깨닫게 된다. 나의 두 아이는 슈퍼캠프에 한두 번씩 참가했다. 두 녀석은 캠프를 통해 이미 가지고 있었던 자신의 따뜻한 마음을 확인할 수 있었고, 몰랐던 자신의 장점을 발견하고, 감추어 두었던 두려움을 꺼내 볼 수 있었다. 상대방을 마음으로 바라보는 방법, 자신의 기분을 정의하고 상대방에게 적절히 전달하는 방법, 이를 통해 리더가 되는 방법 등은 덤으로 배웠다. 물론 캠프를 한두 번 참가했다고 해서 아이들의 일상생활이 획기적으로 변하는 것은 아니다. 하지만 최소한 스스로의 주인이 되어 보는 경험을 했고, 책이나 부모를 통해 얻게 되는 정보에 귀를 여는 용기를 조금이나마 갖게 된 것 같다.

- 정시원(중 3), 정도원(초 4)의 아버지

학교 생활에 자신감을 얻다

캠프에 다녀온 첫날 아이의 목소리는 들떠 있었고, 평소에 듣기 힘든 "행복하다"는 말을 해 주었습니다. 저는 무척 감동받았습니다. 캠프에 참가한 이후 학교 생활은 학년이 올라갈수록 좋아졌어요. 슈퍼캠프의 효과라고 생각되어 올 여름 세 번째 캠프까지 보냈습니다. 지난 여름 슈퍼캠프를 다녀온 아이가 개학하면 바로 임원 선거에 나가 보겠다고 했어요. 떨어져도 자신은 시도를 했으니 얻는 것이 있을 거라고, 상처받지 않겠다고 말에요. 그리고 오늘이 아들 임원 선거 날입니다.

— 김성환(초 6)의 어머니

아이의 성장에 큰 도움을 주는 슈퍼캠프

민재는 원래 성격이 밝긴 했는데, 그런 아이의 밝은 면을 더 긍정적으로 바라볼 수 있는 계기가 된 것 같아요. 자기 틀을 깰 수 있는 그런 도약의 장, 그런 것을 충분히 제공하는 기회가 되었다고 봐요. 지난해 여름 슈퍼캠프를 처음 다녀왔고, 올 겨울이 두 번째였는데 이런 기회를 자주 갖게 해 주는 것이 자신의 영역을 넓히고 성장할 수 있게 하는 데 큰 도움을 준다고 생각합니다.

— 박민재(중 3)의 아버지

아이가 자신에 대해 생각하게 해 주다

얼굴이 밝아지고 행복해 하는 모습을 보았어요. 자기 자신에 대해 많이 생각하는 시간을 가졌던 것 같아요. 아이가 자기 안에서 뭔가를 끄집어 낼 수 있는 기회가 많지 않잖아요. 그래서 아이에게 정말 좋은 기회였던 것 같습니다.

― 한정석(중 1)의 어머니

강한 자신감과 도전 정신을 갖게 해 준 슈퍼캠프

초등학교 5학년 겨울방학에 처음 슈퍼캠프를 경험했던 준혁이는 벌써 세 번의 캠프를 다녀왔습니다. 돌아오는 여름방학에도 또 가고 싶다고 말하는 아들은 슈퍼캠프를 극찬하며 자기의 삶에 많은 도움이 되었다고 말해요. 이 캠프를 통해 가장 많이 변화한 점은 아이가 강한 자신감과 도전 정신을 갖게 되었다는 거예요. 학교 생활을 모범적으로 열심히 하는 준혁이에게 슈퍼캠프는 더 잘하고 싶다는 동기와 긍정적 생활 태도를 더욱 확고히 하는 계기를 만들어 주었어요. 또 캠프에서 배운 학습법을 통해 책을 보는 횟수가 점점 늘었습니다. 지금은 항상 책을 곁에 두고 있을 만큼 퀀텀 리딩은 아이의 학습 태도에도 엄청난 변화를 가져왔습니다. 슈퍼캠프는 제가 기대했던 것 그 이상이었습니다. 정말 감사드립니다.

― 김준혁(중 1)의 아버지

순간에 최선을 다하면 성공할 수 있다

저는 퀀텀 라이팅이 제일 기억이 남아요. 매우 효과적이었어요. 저한테는 따분하고 재미없었던 과목에 'This Is It'하며 열심히 했어야 하는데, 이제는 더 잘 할 수 있다는 것을 깨달았어요. 캠프가 끝나고 어디서든지, 주어진 상황에서 최선을 다한다면 언젠가 성공할 수 있지 않을까 하는 생각이 들었어요.

이 캠프를 통해 저 자신이 더 긍정적으로 변하고 있다는 것을 느꼈고, 스태프들에게도 정말 감사해요. 진심이에요. 진짜.

— 김승교(중 2)

나에게 맞는 학습법을 찾다

슈퍼캠프에 와서 가장 좋았던 것은 '퀀텀 리딩'이에요. 이것은 제가 여태까지 책을 읽었던 방식과는 완전히 다른 방법으로 책을 읽는 것이었습니다. 손으로 따라 가고 눈으로 따라 가는 방식인데, 제가 원래 읽던 속도의 세 배나 빨리 읽을 수 있었고 머릿속에 더 잘 들어오는 것 같아서 좋았어요.

— 김시원(중 1)

긍정적인 의사소통을 배우다

긍정적인 말을 할 때 기분이 좋았어요. 스태프들에게 칭찬을 해 줬던 시간이 기억에 남아요. 무언가 답답한 마음이 확 뚫리는 것 같았어요. 홀가분했어요. 이제는 친구들한테도 긍정적인 말을 해 줄 수 있을 것 같아요. 여기서 함께해 준 친구들 정말 고맙고, 돌아가서도 꼭 기억할 거예요.

— 최연희(초 6)

강력한 도전 정신을 얻다

슈퍼캠프를 올 때 엄청난 도전이 있을 거라 예상했어요. 친구들을 사귀는 것, 활동하는 것, 특별히 앞에 나가서 발표하는 것이 제일 큰 도전이었어요. 그래서 그 도전을 할 때 걱정을 많이 했죠. "내가 실수하면 어떻게 될까? 애들이 날 이상한 아이로 보지 않을까?" 하지만 팀원 모두 응원을 해 주고 편안하게 해 줬어요. 도전을 끝내고 나니 상쾌하고 정말 기분이 좋은 거예요. 도전을 해서 정말 기분이 좋았고, 이 도전이 저의 안전지대를 뚫고 나갈 수 있는 계기가 되었다고 생각해요.

- 차태희(초 5)

옮긴이의 말

당신의 아이는 이미 훌륭합니다

슈퍼캠프 첫날, 핸드폰을 제출한 아이들은 화가 난 표정으로 벽에 붙어 서 있곤 한다. 그들은 핸드폰 없이는 사람들 간에 어떻게 소통하는지 알지 못하는 것 같으며 이를 두려워한다. 이는 아이들 잘못이 아니다. 단지 아이들은 사람들과 어울리는 법을 제대로 배우고 경험한 적이 없을 뿐이다. 청소년기에 접어든 아이들은 부모뿐만 아니라 형제자매, 친구 등과의 소통을 어려워하고 심지어 단절하기까지 한다. 부모는 이런 아이가 낯설어지고 어떻게 문제를 해결해야 할지 혼란스러워 한다.

또한 부모는 부진한 학업 성적을 보이는 아이에게 어떤 교육 환경을 만들어 줘야 할지 난감할 때가 있다. 유명한 학원도 보내 보고 아이의 공부에 도움이 된다면 이것저것 해 보지만 효과가 없을 때, 무엇이 잘못되었는지 알 수조차 없다. 부모들은 과연 내가 아이의 행복하고 성공적인 삶을 위해 부모 역할을 제대로 하고 있는지 의문을 갖게 된다.

아이가 청소년기에 접어들면 이러한 부모의 고민은 더욱더 커져간다. 아이들도 힘들기는 매한가지다. 이들을 위한 특별한 교육법이 있다. 바로 세계적으로 입증된 교육 '슈퍼캠프'다.

슈퍼캠프는 아이들이 큰 변화를 겪는 시기인 청소년기에 올바른 사고와 태도를 형성할 수 있도록 인성을 길러준다. 아울러 이러한 인성을 바탕으로 아이들이 주도적, 효과적으로 공부할 수 있는 학습 방법과 자세 등을 가르치고 있다. 이 모든 과정은 아이들이 재미를 느끼고 이해할 수 있게 구성되어 있다. 또한 사회적 발달을 돕는 다양하고 흥미로운 팀 활동들이 진행된다. 이런 활동을 통해 특별한 경험들을 쌓아가고, 사람들과의 의사소통 능력, 배려, 협동심, 리더십 등을 갖춰 나간다. (EBS 다큐프라임 〈정서지능〉에 소개된 바도 있다.)

또한 아이들은 무엇보다 슈퍼캠프만의 탁월한 셀프 리더십 철학인 '8가지 성공의 열쇠'를 몸에 익히게 된다. 이는 아이들이 평생 지닐 성공 습관으로 자리 잡게 되며 균형 잡힌 글로벌 리더로 성장할 수 있는 기반이 된다. 긍정적인 자기 인식과 태도를 토대로 아이들은 효과적인 다양한 학습법을 습득한다. 이러한 학습법은 미국 퀀텀러닝네트워크에서 개발한 가속 학습법에 기반을 둔 퀀텀 글쓰기, 속독법, 암기법, 필기법 등이며, 이는 아이들의 학습 능력을 극대화시켜주는 동력이 된다.

슈퍼캠프의 교육은 일방적으로 가르치는 것이 아니라 아이들의 눈높이에 맞춰 상호작용하며 이루어진다. 그 결과 아이들은 스스로 자신을 좀 더 들여다보며 자신도 몰랐던 내재된 엄청난 능력을 끌어내게 되고, 자신감을 갖고 꿈을 향해 달려 나가게 된다. 이러한 성공적인 성장을 경험한 아이들은 스스로 많은 변화를 느끼게 되며 부모 또한 아이의 멋진 변화에 놀라워한다.

이 책은 아이들의 인성과 배움에 남다른 열정과 철학을 지닌 바비 드포터가 슈퍼캠프를 설립한 이후 다년간의 교육 경험과 연구를 바탕으로 쓴 것이다. 특히 사춘기인 십대들이 겪고 있는 대표적인 7가지 문제(인간관계의 문제, 상처받은 감정, 부정적인 자기 이미지, 변화에 대한 두려움, 부진한 학업 성적, 집중력 부족, 낮은 동기 부여)를 중심으로 다룬다. 여기에 나오는 사례들은 주로 미국에 진행된 슈퍼캠프의 사례를 담고 있으나 십대들이 겪는 문제는 국경이나 시대를 불문하고 같다. 이는 청소년기라는 것이 인간의 생애에서 반드시 거쳐야 할 통과의례이기 때문이다. 경쟁적인 한국 사회에 사는 십대 아이를 둔 부모라면 이 책에 무척 공감할 것이다. 이러한 점이 한국에서 슈퍼캠프를 운영하는 우리가 이 책을 번역하게 된 동기다. 우리도 이 책에 나오는 것처럼 아이들의 긍정적인 변화를 지켜보고 있다.

이 책을 읽기 시작한 독자는 '부모로서 나는 어떻게 해야 하지?'라는 생각이 들 수 있다. 하지만 다 읽고 나면 흐트러진 모든 퍼즐이 맞춰지는 것을 느낄 수 있으며, 해결되지 않아 아이를 도울 수 없었던 부분들도 답을 찾게 될 것이다. 또한 부모가 아이와 함께 이 책을 읽으면서 이야기를 해 보는 것도 많은 도움이 될 것이다.

지금까지는 부모가 아이와 함께 축구 경기에 뛰었을 수도 있다. 하지만 이제 십대라는 등 번호를 단 아이는 스스로 도전하길 원한다. 또 그렇게 해야만 한다. 아이들에게는 넘어져도 보고 다쳐도 보고 승리를 위해 다양한 시도를 해 볼 경험이 필요하다. 이때가 바로 아이가 자기 자신을 제대로 들여다볼 수 있는 시간이다. 이를 통해 아이는 스스로 자기 삶의 주인이 되어 뜨거운 열정을 갖게 된다.

부모는 이 시기의 아이들이 겪는 실패와 부정적인 태도가 답답하고 안타까울 수 있다. 그렇다고 대신 경기에 뛰어들어 골을 넣어 버리는 코치가 될 수는 없는 일이다. 선수가 겪는 문제가 무엇인지도 모르면서 계속 작전만 지시하는 코치는 분명 좋은 결과를 낼 수 없을 것이다. 코치는 선수가 겪는 문제를 정확히 파악하고 거기에 맞는 작전을 제시해 주어야 한다. 그리고 눈빛만으로도 강력한 확신을 줄 수 있어야 한다. 이것이 십대를 둔 부모가 해야 할 역할이다. 슈퍼캠프가 그렇게 할 수 있도록 도울 것이다.

이 책을 읽고 나면 시행착오를 반복하는 내 아이가 자랑스럽고 다시 사랑스러워 보이기 시작할 것이다. 그리고 코치처럼 벤치에서 아이를 객관적으로 바라볼 용기가 생길 것이다. 온 힘을 다해 응원하는 코치가 있는 한 아이는 승리를 거두고 다시 돌아올 것이다. 당신의 아이는 이미 훌륭하다!

슈퍼캠프의 인성 교육에 대한 철학과 신념을 믿고 함께해 주신 학부모님들과 캠프에서 배운 내용을 자신의 삶에 성공적으로 실천하는 아이들에게 특히 고마움을 표한다. 이들은 우리의 교육의 우수성을 잘 입증해 준다. 또한 이 책을 출간해 주신 컬처룩의 이리라 대표님과 편집을 진행한 한나래 님에게 감사드린다. 세계적인 슈퍼캠프를 한국에 도입한 코넬아카데미의 정광희 대표님과 인재 육성에 함께 애쓰는 미래HRD연구원 임직원 여러분에게도 감사의 말을 전한다.

최문희, 이하나